U0100480

大展好書　好書大展
品嘗好書　冠群可期

大展好書　好書大展
品嘗好書・冠群可期

楊 式 太 極 拳

5

楊式內傳太極拳一○八式

附DVD

張文炳　傳授

張漢文　蔣　林　編著

大展出版社有限公司

弘揚太極文化

振奮民族精神

賀太極拳新作付梓

徐才

丁亥年秋

徐　才（亞洲武術聯合會名譽主席，原國家體委副主任、中國武術協會主席、中國武術研究院首任院長）爲本書題詞

004

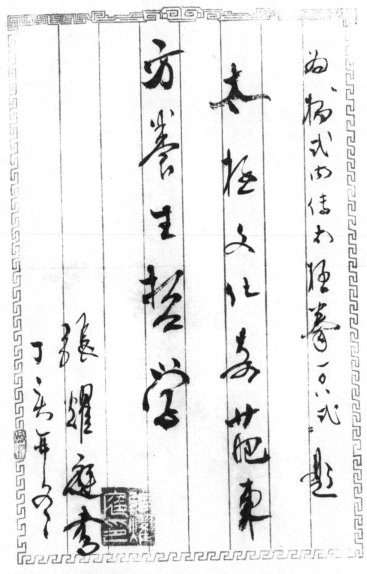

張耀庭（原國家體委武術運動管理中心主任、中國武術研究院第二任院長、中國武術運動協會主席）爲本書題詞

發揚整理光大國之瑰寶

文付身授竭力服務社會

為漢文先生太極拳

新著洞世題

趙雙進

丁亥仲秋

趙雙進（原中國武術協會副主席、中國武術研究院
秘書長、亞洲武術聯合會秘書長）爲本書題詞

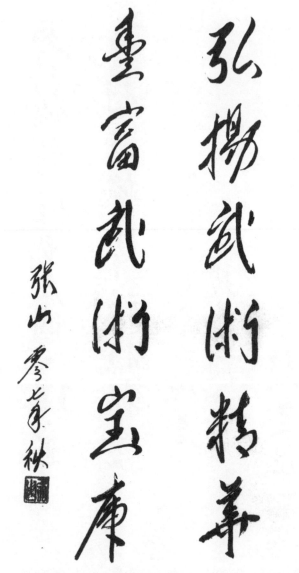

弘揚武術精華

重富武術寶庫

賀楊式內傳太極拳108式一書出版

張山 零七年秋

張 山（原中國武術協會副主席、中國武術研究院副院長）爲本書題詞

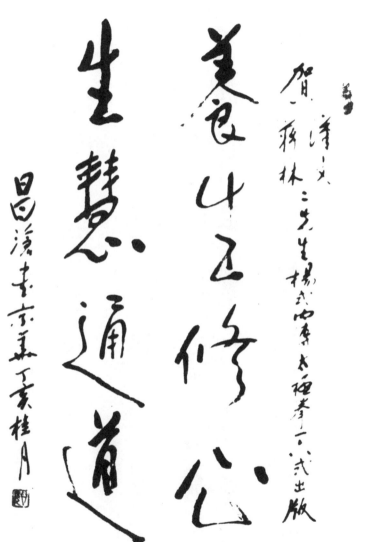

　　昌 滄（《中華武術》雜誌第一任主編、人民體育
出版社資深編審）爲本書題詞

祝賀張漢文 合著楊式太極拳108勢出版

柔中寓剛太極快手
吐納導引棉裏藏針

歲在丁亥年秋月 劉學勃撰 馮大彪書

劉學勃（中國武術協會榮譽委員，北京市武術協會副主席，北京武術協會戳腳翻子研究會會長）和馮大彪（中國新聞社高級記者，吳式太極拳傳人，著名書法家）爲本書題詞

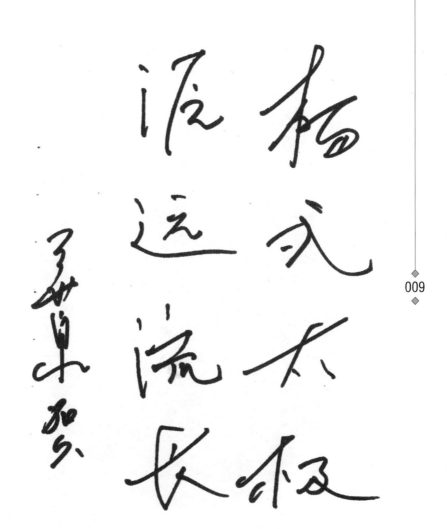

　　王世泉（北京市武術協會副主席，北京武術院副院長，北京市武協太極拳研究會會長）爲本書題詞

楊式太極拳創始人
楊露禪（名福魁）先生（1799—1872 年）

楊式內傳太極拳第三代宗師
楊澄甫（名兆清）先生（1883—1936 年）

楊式內傳太極拳第四代宗師
作者恩師張文炳（字虎臣）先生（1898—1979 年）

作者同武術界老領導、老武術家合影
（前排左起：昌滄、張耀庭、劉學勃、徐才、趙雙進、
張山後排左起：作者張漢文、蔣林、劉敬儒、王世泉、
劉鴻池、劉學勃夫人）

作者同武術界老朋友合影
（左起：劉鴻池、張漢文、劉學勃、曹彥章、蔣林）

作 者 簡 介

　　張漢文，1940年生，曾任北京市武術協會副秘書長、北京市武術協會三皇炮捶研究會常務副會長兼秘書長、澳洲少林禪武學會總會顧問。中國武術七段。

　　作者自幼習武，1954年拜「京都會友鏢局」著名武術家「大槍董英俊」先生爲師，習練三皇炮捶拳械，是此拳種的第七

代主要傳人。1957年拜楊式太極拳第四代名家崔立志（字毅士）先生爲師，習楊式大架太極拳；此後有緣又拜在楊式內傳太極拳第四代宗師張文炳（字虎臣）先生門下，深研楊式內傳太極拳之奧妙，成爲楊式內傳太極拳第五代傳人。此外，曾得授著名武術家吳斌樓，查拳大師常振芳，三皇炮捶大師袁敬泉、段庶卿、張慶雲和著名中醫、武術大師歐錫九等諸位老師的指導和教誨，功底頗深。

　　曾發表過武術理論、功法技法、點穴按摩、宣傳武德等數十篇文章，其中一些文章彙編入《功法薈

萃》《內功舉要》和《北京武林軼事》等書中；著
有《三皇炮捶拳》一書，並先後又在日本和臺灣出
版，此書的出版結束了此拳種口傳身授的歷史，此後
又出版了《三皇炮捶匯宗》。在《燕都當代武林
錄》一書中任副主編，出版有《中國傳統武術大全·
三皇炮捶》、中國傳統武術經典系列《名家名拳·三
皇炮捶拳械專集》等多種教學光碟。

　　曾參加《京城武林》《武術世界》等多部大型
紀錄片錄製的演練工作，曾多次參加北京市武術比
賽，成績優秀。自20世紀70年代至今，積極開展教學
工作，培養了大批武術人才，弟子遍及國內外。

　　蔣林，1945年生於天津武清縣。出生武術世家，7歲從家叔始學通背拳，14歲入選北京市業餘體校從王茂林老師學中國式摔跤，後正式拜摔跤健將朱友山爲師，繼續學練中國式摔跤，曾入選北京市通州區代表隊，多次取得市級比賽的優秀成績。

　　1964年作者師從張文炳（字虎臣）先生習楊式內傳太極拳械，至1970年正式成爲張文炳先生的登堂入室弟子，是楊式內傳太極拳第五代主要傳人。

　　1982年應北京市通州區體委之邀，任區太極拳培訓班教練，培養出太極拳輔導員近百人，並多次被評爲北京市太極拳優秀輔導員。

　　1995年應聘任北京騰龍武術學校教練，培養出多名武術優秀人才，在市級武術比賽中取得前六名的優秀成績，其中盧占國、王非在全國和北京市武術比賽中，取得拳術、器械、對練的第一名。

　　現任北京市武術協會楊式太極拳研究會委員、北京市武協團結湖培訓中心副主任、澳洲少林禪武學會總會顧問。

太極百花園中一奇葩

　　楊式內傳太極拳體系的三卷書與廣大讀者見面
了，這是廣大武術愛好者及楊式太極拳愛好者的一大
幸事，向張漢文和蔣林二位先生表示祝賀。

　　楊式太極拳是中國文化寶庫的一枝奇葩，是太極
拳中一個主要流派，它由第一代宗師楊露禪及其子楊
班侯、楊健侯，其孫楊少侯、楊澄甫祖孫三代苦心鑽
研不斷修潤，從陳式太極拳老架發展而來。

　　現今世間流傳比較廣泛的就是經第三代宗師楊澄
甫先生修潤定型的楊式大架太極拳，而楊式內傳太極
拳卻鮮爲人知。

　　2004 年我有幸親眼目睹了蔣林先生演練的楊式內
傳太極拳小快式，給人耳目一新的感覺。它勢架低，
動作幅度小，運動速度快，步法靈活，發勁冷彈脆
快，但又保持了傳統楊式太極拳中正安舒、鬆柔圓活
等特點，這套楊式內傳太極小快式難度大、技擊性
強。

　　漢文先生自幼習武，曾向多位名師習練多種拳

術，特別對三皇炮捶拳術有很深的造詣，曾盡心著有《三皇炮捶匯宗》一書。現雖年逾花甲，卻不滿現狀，孜孜以求，在早年曾向崔毅士老師習練楊式太極拳大架的基礎上，又繼續研練楊式內傳太極拳，其精神可貴可敬。

由於當年楊家傳拳內外有別，楊式內傳太極拳體系只在楊氏子弟和極少數外姓入室弟子中以口傳心授的方式傳承延續，這樣精華之脈雖不絕如縷，卻面臨失傳危險。爲使楊式內傳太極拳體系完整地流傳於後，公諸於眾，漢文與蔣林二位先生打破陳規舊習，毫無保留地披露了楊式內傳太極拳體系，將該體系中的「楊式內傳太極拳一○八式」「楊式內傳太極拳加（家）手」和「楊式內傳太極小快式」這三趟拳，完整地著書於世，並願廣泛傳播。這是廣大武術愛好者，特別是楊式太極拳愛好者的福音，也是對繼承發展武術文化遺產的貢獻。

劉鴻池
國家一級教練
北京市武術協會委員
常（振芳）式查拳名家
孫式太極拳第三代主要傳人
中國武術七段

　　我學太極拳是在1956年跟隨建國武術社白瑾老師練「簡化太極拳」開始的，當時正值政府推廣「簡化太極拳」之際，周日休息曾隨白師到北京第二外國語學院、煤炭幹部學校、勞動學院（現經濟貿易大學的前身）等單位協助教「簡化太極拳」。漸漸地對楊式太極拳產生了濃厚興趣！

　　白老師叮囑我說：「習武要學好太極拳，對你一生都有益處！」他見我是個可造之材，將我舉薦給他的摯友楊式太極拳第四代名家崔毅士先生，在白師的引領下於1956年冬天正式給崔師叩頭拜師，學習楊式太極拳大架近兩年。

　　後來由於學習環境的變化，未能追隨崔老師繼續練拳。在此後的幾十年習武生涯中，我雖以三皇炮捶拳報門戶，但對楊式太極拳的鍛鍊也未曾撂下。

　　2000年因房屋拆遷我搬到通州區住，一日，到街頭小公園晨練，認識了武林同好蔣林先生，蔣乃楊式內傳太極拳第四代宗師張文炳先生的入室弟子，張文炳老師與崔毅士老師同是第三代宗師楊澄甫先生的入室弟子。故此，我與蔣林自然已是同門師兄弟了，兩人一見如故，遂成心契之友。

因我有深修太極拳之意，蔣林又瞭解我擅長三皇炮捶拳械，並對三皇炮捶拳有濃厚興趣，我倆的老師都已作古，二人願意互換拳功，代師傳藝。這真是上蒼安排的可遇不可求的奇緣！

此舉很快得到張文炳老師在京僅有的四名入室弟子中的另外三人（王秀田、李順波、梁禮）的同意。由此，我又正式拜入張文炳老師門下開始修煉楊式內傳太極拳。

當我進一步與這幾位師兄弟交往之後，瞭解到他們太極拳功底深厚，造詣頗深，並深深感到他們待人誠厚、平易近人、心胸豁達、淡薄名利的高尚品德。從他們身上我受益良多。

楊式內傳太極拳有一個完整的體系，這個體系有正路子（108式）、加（家）手和小快式三套拳架。

正路子（108式）中正安舒、鬆靜圓柔、沉穩自然、舒適大氣，是基礎拳架；加（家）手拳以意領氣、以氣運身、圓活纏轉、螺旋起伏、神意細膩、氣勢磅礴、瀟灑飄逸，是中級拳架，又叫「功夫架」；小快式架低勢小、步法靈活、招式多變、輕靈優美，動作時緩時疾，剛柔忽隱忽現，發力冷彈脆快，是高級架，又叫「技擊架」。

三套拳架招式新穎，精妙細微，風格各異，各練一層功夫，層層進階，似一座功夫寶塔。再加上推手、太極對練、諸多的太極功法和器械，內容非常豐

富。可以說內傳體系承載了楊式太極拳的全部精華！

　　當年楊家傳拳內外有別，這套體系原本只在楊氏子弟中內部傳承，歷來不泄於世。對外只傳那套養生「大架太極拳」。

　　由於我有楊式太極拳大架的基礎，又有三皇炮捶拳內功的實力，相對來講學起楊式內傳太極拳就快多了。蔣林師弟按照老師當年怎樣傳給他的原原本本地傳給我，學練「小快式」依然按照老師傳下的方法一式一式的單練單操，將一式練熟、內氣走對、步法輕靈了、氣勁合一了，再習練下一個式子。

　　每天早晨跟蔣林師弟習練三四個小時，晚上自己單獨練兩個小時，每式單操幾十次以至上百次。次日再與蔣林師弟交流核準，在教習過程中我能感應到他腹中內氣是如何運轉的，他能感應出我的內氣運轉速度是否與手腳同步。我倆在學練的過程中體悟內涵，探討深層次的東西。

　　光陰似箭，一晃四個寒暑過去了，越學越體會到內傳太極拳體系是楊式太極拳中的精品；越練越覺得心裏有一種繼承、發揚優秀文化遺產的責任感。

　　我和蔣林師弟一起回顧了楊式太極拳內傳與普世外傳兩條傳承脈絡的形成和發展歷史，楊氏第三代楊澄甫先生普世傳習的「養生大架太極拳」傳人甚廣，第四代名家輩出，又下傳數代，習者遍及世界。而內傳體系雖承載了楊式太極拳的全部精華，到了第三代

楊少侯之後，楊家後代人年幼，難以繼承下楊家內傳的功夫，不得不從外姓弟子中嚴選愛徒學練內傳功夫，以繼承內傳薪火，故此傳人甚少。

老師傳給我們這第五代人也只有劉習文、韓世昌、王秀田、李順波、梁禮、蔣林等六七位入室弟子而已。我輩人雖在積極培養下一代，仍然有很大的局限性，仍然存在傳承危機！面對現實我倆皆有同感。

社會發展到今天，我們意識到優秀民族文化遺產不能在我輩手中失傳，老師傳下的寶貴遺產不應屬於我們個人，它應屬於全社會，屬於全人類！我們感到肩負著承前啓後的重大責任！

我們倆同時產生了一個夢想：利用圖書和音像形式廣泛傳播，變一人之寶爲世人之寶，以不辜負老師對我們的培養。同時，讓更多愛好者受益，讓寶貴的民族文化遺產薪火不斷，永世傳流！

爲了實現這個夢，我們即日著手整理資料。找出要解決的問題之後，走訪商榷，深入探討研究。說實在的，太極拳出版物比任何拳種出版物都多，可是大多無新意。我們想寫出的書不落窠臼，把自己練功內在的眞實情況寫出來，特別是將內氣的變化寫清楚，是一件「洩漏天機」的事，寫作很難。

尤其是強調丹田氣要養出個球來，以這個氣球爲核心向全身縈布，張開汗毛孔使全身透空，將氣擴散到體外，形成球形氣場。丹田氣球授控於心意，心意

一動，丹田氣核即動，全身整體氣場皆動。打拳好似在氣場中游泳，內小動而外大動，內強動而外烈動。沒有無意動之氣動，沒有無氣動之體動。

動作中內氣不僅常圍繞著丹田旋轉，而且還時常穿過丹田做任意「8」字形的正反運動；有時要做正螺旋纏繞運動；有時還要做反螺旋纏繞運動；有時又要做圈連著圈、圈套著圈的鏈形運動。這一切內、外太極陰陽魚的運動變化，眞正做到「以心行氣，以氣運身，氣遍身軀」「行氣如九曲珠」。說實在的練著都很難，用文字寫出來就更難了。我們克服困難，堅持這樣做了。

我們知道，無內功者習練會非常難，即使學了套路也是軀殼。爲了解決這一問題，在書中專門介紹了「太極內功功法」。對李道子的《授秘歌》從練內功的角度試解，以助習者爲用。並對如何修煉到至高境界闡述了自己的觀點。

千百年來，武術內功，乃拳道之階梯，無極之機樞，秘不外傳，歷代精英好者無數，殫精竭慮，夢寐以求。我等道破天機，發前人之未發，如此可能會招來非議或質疑，然而書中所言，決無半點故弄玄虛，也無必要藏匿，皆本著實事求是的精神，只是將自己練功的方法和成果介紹出來與同好分享。

爲了把這套書寫好，不畏寒冬酷暑，歷時三載，夜以繼日操作於計算機前，力求完美，不厭其煩，十

幾次修稿，終將全套三冊書稿完成。幸有人民體育出版社予以大力支持，使夢想成眞！

雖很欣慰，然書中難免存在不盡如人意之處，望賢師益友賜教。謹爲自序！

張漢文

前　言

　　楊式太極拳爲河北永年人楊露禪先生所創，是當今世界流傳最廣、習者最多的拳種。傳統楊式太極拳108式經楊氏三代宗師研習、修潤而定型，其風格舒展飄逸、寧靜大氣、柔和緩慢、含蓄優雅，它以獨特的練功方法和強身健體、治療疾病、延年益壽、陶冶情操的作用而深受各國人民的喜愛。

　　然而，當年楊家傳拳內外有別。世傳僅是一套108式或後來衍生出來的傳統88式、85式和83式養生拳架。在楊氏子弟內部傳承卻另有一套體系，這個內傳太極拳體系有三套拳，第一套108式、第二套加（家）手、第三套小快式。這三套拳的風格各異，招式、手法變化頗多，動作新穎別致，內容極爲豐富。三套拳架，層層進階，各練一層功效。這個完整體系，由張文炳先生所傳，先生是楊式太極拳第三代宗師楊澄甫先生和楊少侯先生哥倆合傳的登堂入室弟子，是內傳弟子中極少數的外姓弟子。

　　這套楊式內傳太極拳108式，是楊澄甫先生1928年以前在北京傳授的早期拳架，與後期經楊澄甫先生修定的大架，從拳架結構上看基本相同，從招式手法變化的細節上看，不盡相同。早期拳架內外開合皆適

中，更接近於楊健侯先生的中架，其拳路構思細膩、結構合理、科學實用，是技擊、保健、療病三者的自然結合。同時在處理一般動作與高難動作的協調安排上，都顯得非常適當，使習練者自始至終都感舒適、輕鬆愉悅。

楊式太極拳雖然有「不在形式，在氣勢；不在外面，在內中」和「重意不重形」的說法，但這是指功夫較深，動作已定型，只須從內動來帶動外形者而言。對初學者，本書強調先重形，後重意，先須力求姿勢正確，並把基礎打得堅固，才有利於技術的逐步提高。習者遵循楊式太極拳從「柔入手，積柔成剛，化剛爲柔，剛柔相濟」的鍛鍊步驟。使身體各部位姿勢符合楊式太極拳「柔中寓剛」的要求。書中對習練楊式太極拳的要領、總體要求和運動規律作了闡述，以文圖並茂的形式對拳路動作進行詳解，習者若能揣摩深悟，能無師自通。

爲有助於習者提高拳藝，筆者對幾篇太極拳古典理論大膽地作瞭解讀，權作引玉之磚，以求名家賜教。本書對恩師張文炳先生親傳的太極拳古譜《宋氏家傳太極功源流支派論》，原原本本全盤托出，願與習者共同研讀。

習練楊式內傳太極拳時，按照相關要求掌握純熟，並達到相當功夫之後，也就爲進階楊式內傳太極拳加（家）手打下了紮實基礎。

　　我們相信楊式內傳太極拳的面世會受到廣大太極拳愛好者的歡迎，必將成爲太極拳百花園中一枝絢麗的花朵！

　　本書在編寫過程中深得武術界幾位老領導、老武術家的熱情支持，爲本書揮毫題詞、作序。又曾得到劉熾京先生、劉科、呂驥、陳海欽、劉福來先生和張怡、張波、李慶華女士的鼎力支持，在此書出版之際，表示衷心的感謝！

作者

目　錄

一代宗師張文炳與楊式內傳太極拳

談起楊式太極拳，許多人都知道，在國內練習太極拳以健身者普見於街頭公園，男女老少，打拳舞劍，如癡如醉。隨著中國迅速崛起，太極拳對外的傳播更為廣泛，使西方許多國家興起學練太極拳熱。但是，談楊式內傳太極拳，不但絕大多數人不知道，就是國內著名的「太極拳家」也沒有幾位見過。因為楊式內傳太極拳架原本只在楊氏子弟和極少入室弟子中傳承。

楊澄甫先生的弟子汪永泉先生在《楊式太極拳述真》一書中這樣寫到：「從歷史來看，楊式太極拳的前輩初到北京時，除了教練旗軍，主要是在王府教貴族子弟練拳，這些養尊處優的人不能刻苦習武，因此，教授的只是由陳式太極拳發展成的楊式太極拳養生架子。目前流傳於世並廣泛習練的就是這套養生拳架，單練這個套路是不能技擊的，需要補充揉手技法。楊式太極拳的技擊架子只傳給了自家子弟和部分門徒。」尤可見世傳的只是一套養生拳架，楊式內傳太極拳另有一套體系。

當代楊式太極拳傳人傅鍾文先生說：「總共只有這麼一套大功架，沒有第二套拳。」（見《精武》1998年第八

期《楊式太極長拳》一文），這說明楊澄甫先生於1928
年應弟子陳微明先生之邀赴上海授拳後，傳鍾文在上海向
楊氏學拳時，楊澄甫先生已不傳快拳了。楊氏1936年去世
時，除長子楊守中二十多歲外，另外三個兒子年齡都在10
歲上下，同傳鍾文一樣，他們沒有得到快拳的傳授，「只
得到這麼一套大功架」，即汪永泉先生所說的「這套養生
架子」。傅鍾文先生講「沒有第二套拳」，這說明楊式內
傳太極拳體系，在楊氏子弟中未能傳承下來。傅鍾文先生
及楊氏後人都不否認，欲全面掌握太極拳技術，一些快速
練習仍是必要的。但是由於楊式快拳傳世不多，所以現在
流傳的一些快練，也只不過是把慢練的架子進行快練而
已。在河北省永年縣楊式太極拳的故鄉，有傳統老架，它
與後期楊澄甫先生所修定的大架基本相同，對楊式內傳太
極拳體系中的拳架也無人得授。

　　儘管如此，然而楊式內傳太極拳並沒有失傳。張文炳
先生，是楊式太極拳第三代宗師楊澄甫先生和楊少侯先生
合傳的登堂入室內傳弟子，得授楊式內傳太極拳108式、
第二路加（家）手、第三路小快式（簡稱快式、小式）和
太極內功、揉（推）手功及各種太極門器械，全面繼承了
楊式內傳太極拳的完整體系，是楊式內傳太極拳弟子中極
少數的外姓弟子。

　　張文炳先生，生於1898年，北京人，北京前門外昌盛
銀號分號經理。先生酷愛武術，1919年始學於原「北平體
育研究社」。1921年有幸拜在楊式太極拳第三代宗師楊澄
甫先生門下，成為登堂入室弟子。得授楊澄甫先生早期拳
架，即正路子108式、太極推手、太極十三刀、太極六十

四劍等,為使楊家內傳的功夫後繼有人,薪火不斷,楊澄甫先生選定愛徒張文炳並將他舉薦給其兄楊少侯先生,繼續學藝深造。

楊少侯先生所演拳架由其伯父楊班侯先生所傳,其拳架勢小勁剛、靈活多變、招法迅捷、出手即打,是為楊式太極技擊拳架,即小快式。據傳,少侯先生性情剛烈,教拳嚴厲,喜歡出手打人,有其伯父之遺風。許多人因難以忍受而輟學,或敬而遠之,因此傳人甚少。

楊少侯先生見張文炳天資聰慧,勤奮好學,功底紮實,為人又忠厚誠實,並且還是弟弟楊澄甫舉薦來的愛徒,心裏特別喜歡,將他視同為自家子弟,故將楊式太極柔身術、太極揉球功、內功功法、楊式內傳太極拳加(家)手、楊式內傳太極拳小快式、太極推手、太極拳對練、技擊應用以及太極46式刀、太極大杆等拳械精髓,傾囊傳給了張文炳先生,並秘傳《宋氏家傳太極功源流支派論》拳譜。那時楊家傳拳內外有別,先生所學多為楊氏家中內傳功夫,所以與世之所傳多有不同。張文炳先生在兩位大師的培育下,練就了一身卓絕的太極功夫。

先生所練的小快式,勢架低小,中正安舒,輕靈優美,小中寓大,無中寓有,圓活快捷,動作時緩時疾,剛柔忽隱忽現,神意細微獨特,非常精彩。先生所演練的內傳太極拳加(家)手,中正安舒,輕靈不浮,沉穩不僵,瀟灑脫俗,以意領氣,以氣運身,動如運球,連貫圓活,神意細膩。先生推手時體鬆、心靜、神斂、氣聚、勁整,步法迅捷,飄忽不定,發勁冷彈脆快,迅若雷霆,沉長綿軟,虛實潛轉,變化莫測,常於不知不覺中將人發出丈

035

外，他對弟子常說：「太極無法，一動即法。」先生內功極深，二目銳利如電，神光熠熠，時常目光犀利，使人膽寒，不敢與之直視。

張文炳先生所傳太極拳，有一個嚴格的循序漸進的拳架練功體系。這個體系包括楊式內傳太極拳正路子（108式）、加（家）手和小快式，傳授學員，先學正路子，繼而學習楊式內傳太極拳加（家）手，待功夫達到基本要求了，最後才能學習楊式內傳太極拳小快式。此程序從不越級，非至誠至愛弟子，不可窺其全貌，故傳人甚少。

楊式內傳太極拳正路子（108式）是加（家）手拳的簡化套路，近似於目前普遍傳播的楊式太極拳傳統套路。其姿勢高低與動作幅度皆適中，速度較慢，初學太極拳必須從此拳架學起，先求形似，後求神似，在手、眼、身、法、步皆合度的基礎上，做到圓活連貫、上下相隨、由鬆入柔、運柔成剛，漸至輕靈不浮，沉穩不僵，再加推手練習，可達相當功效與技巧。此架體用兼備，老幼皆宜，尤以健身效果最佳。因而最適合在廣大群眾中普及推廣。

楊式內傳太極拳加（家）手，是在練好正路子基礎上的進階拳路，其套路中多了許多新的招式，兩手常似抱球運轉，使拳勢之間的連接更加圓活；行拳主要以內氣運身，以練腰的轉動和下盤功力為主。由鬆入柔，運柔成剛，漸至輕靈不浮，沉穩不僵，為楊式太極拳有一定基礎者習之，以增加功力，其演練速度與正路子相同，練完一套不少於45分鐘。堅持演練可以舒筋活血、順氣通絡、調節陰陽和祛病延年。

楊式內傳太極拳小快式，簡稱為「小式」或「快式」，

是繼楊式內傳太極拳加（家）手之後更高層次的拳架，它是在練好加（家）手之後，有相當功力的基礎上進行進階的拳路，其內容更加豐富。小快式的風格特點與前面兩路拳有很大差異，正路子和加（家）手，動作幅度適中或稍大，舒展大方，瀟灑自然，緩慢悠長，輕柔圓順，外形不見發勁。而小快式則不然，其風格特點與之迥然不同，它勢架低，動作幅度小，運動速度快，步法靈活，時緩時疾，發勁冷彈脆快，剛柔忽隱忽現，招式多變，輕靈優美，但不失楊式太極拳中正安舒、鬆柔圓活、輕靈不浮、沉穩不僵、上下相隨、連貫一氣、合順自然的基本特點。小快式實用性很強，整個套路兩百多個式子要在10分鐘內打完。

學習小快式的方法與學前兩路方法不同，必須先學成一式，方可再學一式，如此一式一式完成，隨著功力的增長，每式練至純熟，從內到外成為一體，方可逐式連接，漸至一氣呵成。會小快式的人很少，先生不輕易傳人，而且先生授拳，因材施教，特別注意基本功單操訓練，教弟子都是單個人教，一式一式教，在教你時我不可以在旁邊聽著看著，要在遠遠的地方自己去練。

教我時候你也不準在旁邊聽著看著，也必須到遠遠的地方自己去練。弟子之間不得串學串練，教誰什麼樣，就按什麼樣去練，非常嚴格，說手時更是在沒人時才給說。這就是先生因材施教，單個傳拳的方法。先生是根據弟子的身體條件、性格和悟性來傳授功夫，使每個人都有各自的風格特點，故拳路不盡相同。

師得授真傳，卻從不炫耀於世。他性格溫順，「上善若水」「大智若愚」，僅尊師命，隱於鬧市，練功不輟，

深研體悟太極拳真諦。在新中國建國前一直是北平昌盛銀號分號經理，收入頗豐。偶爾應一些富賈聘請到府上講授養生之道，傳授養生太極拳架。新中國成立之後，先生因工作和經濟狀況的變故，不得已露世授拳，但大多數習者學到的僅是第一路拳，能學第二路拳者不多，能學第三路者更少。因為先生擇徒慎嚴，且因材施教，單個傳拳。如今能全面承其衣缽者僅有劉習文、韓世昌、王秀田、李順波、梁禮、蔣林等六七名入室弟子，這幾位老師都已過古稀、花甲之年，仍然在積極努力栽桃育李，發現和培養人才，發揚這一國粹精華。近年來在永年縣太極拳界有點聲望者，多次千里迢迢赴京尋師訪友，聞悉到有楊式內傳太極拳傳人，為學會楊式內傳太極拳的精華功夫，他們千方百計，苦苦追求，放下昔日所學拳架，正式拜師求教，從頭學起，循序漸進，已初見成效。

1979年張文炳先生仙逝，享年81歲。雖然先生走了，但他對我們的諄諄教誨依然在耳旁迴蕩，他的音容笑貌時常浮現在我們腦海中；他把強身健體、防身自衛和修身養性的寶貴財富留給我們，留給後來者，使它永放光芒！

先生所傳的楊式內傳太極拳體系，清楚地揭示了楊式內傳太極拳傳功有序，三套拳架，各有其功效。三個相關內容，練習三層功夫，體現練功的三個階段，使習者攀登有梯，進步有法。雖同屬楊式太極拳門戶，卻有自己流派精微獨到之處，成為楊式內傳太極拳練功的完整體系。

這個體系的發展，確為太極拳史上的一件大事，它對我們研究太極拳的源流、拳架的演變、技法與練法等有不可估量的價值！

楊式太極拳基本拳理與拳法

（一）楊式太極拳基本要領

初學太極拳以練形體為主，打好基礎最為重要，其姿勢務求正確。入門要求做到中正安舒，輕靈圓活，鬆穩慢勻，連貫完整。此是入門之捷徑，再逐漸掌握用意、調息和剛柔勁。習者應循序漸進、由淺入深，認真掌握，不致枉費工夫。

1. 中　正

要求心氣中和，神清氣沉，其根在腳即是立點，中心繫於腰間。所謂「命意源頭在腰隙」，精神含斂於內，不表於外，這樣才能使身體一站就能做到中定沉靜的姿態。要求姿勢端正，不可偏斜，儘管拳勢各不相同，或伸或屈，或仰或俯，但都要做到中正不倚。

因為在盤架子或姿勢的虛實變換方面，都要依靠重心的中正平穩與否而定。由於重心為全身之樞紐，重心穩則開合靈活自如，重心不穩則開合失其主宰，如車軸為車輪之樞紐，若使車軸置於偏斜而不適於車身重心處，車輪

動，則進退不靈，便會失去效用。所以說掌握好重心，是學練好太極拳最關鍵最基本的要領之一。

2. 安 舒

安然之意，切忌緊張、牽強，由自然之中得其安然舒適，這樣才能使內氣不滯、暢通周身。在練拳時要求姿勢安穩，動作均勻，呼吸平和，神氣鎮靜，才會有此效果。

舒乃舒展之意，就是「先求開展、後求緊湊」。開展即大也，鬆其筋肉，初學練拳先求姿勢開大，使其舒筋活血，且易轉弱為強。

強後，再追求外能筋骨肉合一、內有精氣神相聚，內外兼修，加以動靜變化，自開展而及緊湊。

3. 輕 靈

「一舉動，周身俱要輕靈」，不可用拙力，去僵以求柔。輕靈乃輕虛之意。切忌漂浮，在盤架子和推手時要求動作輕靈和緩，往復仍能自如，久練自然會生出一種又鬆又活的勁，同時還有一種粘黏勁。開始盤架子和推手，都要謹記從「輕」字上下手，這才是入門的捷徑，也是學練好太極拳要遵循的基本要領之一。

靈敏之意，由輕虛而鬆沉，由鬆入柔，運柔成剛；由鬆沉而粘黏，能粘黏即能連隨，連隨方能靈敏，則可悟及不丟不頂的道理，之後愈練愈精了。

4. 圓 活

圓滿之意，每動每勢，必須走圓而無缺陷，則能完整

一氣，以免凹凸、斷續之病。靈活之意，是指練拳者原有的本力，無論大小，都要把本力練得靈活為主，所以說靈活就是不要有笨重、遲滯的意思。

5. 鬆 穩

全身放鬆，不用拙力。從內到外、從神至形，皆要泰然自若，提起精神，使動作輕靈不浮，沉穩不僵。有人說「鬆」是太極拳的靈魂，其實也是習練太極拳時要做到的一項基本要領。

「鬆」不是目的，鬆是練拳用勢中的一種功夫。體鬆宜於招式靈活變化，氣血暢通，縈灌周身。勁鬆，不拙不僵，節節貫串，承接轉換，輕靈敏捷。氣鬆，外氣呼吸自然，內氣不緊不滯；氣沉丹田，鬆靜空靈。

鬆不可過，鬆過為懈，懈者軟弱無力也。鬆非無力，負陰抱陽，綿裏藏針，做到鬆而不懈，掤而不僵。「夫掤者乃拳之宗，出沒有鬼神莫測之妙」，筆敘難盡其意，學者當尋明師細究之。

盤架子要做到行動沉穩，首先要心緒平和，精神專一，不可散亂。其次身體保持自然放鬆，使動作穩重，內外相合，無過不及。

然後要保持平衡，不失重心，「立身中正安舒，才能支撐八面，尾閭中正神灌頂、滿身輕利頂頭懸」，頭頂「百會穴」與襠內「會陰穴」始終保持垂直，從上到下連成一線，使脊柱節節鬆沉而又虛虛對準，腰部鬆沉直豎，微微轉動，不可軟塌，不可搖擺，任何時候都要保持中正，不偏不倚為要。

6. 慢　勻

在練拳過程中，保持適當的速度，使動作緩緩徐徐地運作，以利於以氣運身，使內氣能夠不緊不滯地從容運行。在緩慢的動作運行過程中，神意不可散亂，「精神要提得起，則無遲重之虞，意氣須換得靈，乃有圓活之趣，所謂變換虛實也」。

練太極拳要求緩慢，不能迅速，就是在於追求「行氣如九曲珠，無微不至，運勁如百煉鋼，無堅不摧」的鍛鍊方法。如果開始就用快速練習法，必然使動作做不到位，做不真，細微之處浮滑過去，到最後就手空，達不到預期的效果。盤架子要求姿勢動態均勻、每勢轉換均勻、呼吸配合均勻，動作連綿不斷，所謂「運勁如抽絲」，即不能忽快忽慢，要「以意領氣，以氣運身」，意要專，氣要斂，勁要整（一身之勁練成一家）、神要聚，一身輕靈自然，拳架慢勻得法。

7. 連　貫

每勢動作要節節貫串、完整一氣。拳架演練時，從起勢到收勢，動作前後要貫串，連貫不間斷，不可有停滯，不可產生空隙，勢勢相連不斷，一氣呵成。

8. 完　整

要上下相隨，外形上做到三合，即手與足合、肘與膝合、肩與胯合，也就是上三節的手、肘、肩與下三節的足、膝、胯上下六節相合相對，周身上下「一動無有不

動」。還要做到內三合，即神與意合、意與氣合、氣與力合。拳架演練時要內外相合，一動內外齊動，完整一氣，成一整體。

9. 意 專

盤架子和推手都要求心靜，因心不靜則意不專，練太極拳緩慢鬆柔全在蓄神用意，意不可旁馳。

要細心體認極為輕微的虛實動靜變化的微妙消息與神意，明瞭每招每勢的技擊含義，用意不散不亂。

10. 氣 斂

鬆靜自然，氣沉丹田，呼吸通靈，周身罔間。氣宜鼓蕩，腹式呼吸，與動作自然配合。

能呼吸然後能靈活，「以心行氣，務令沉著，乃能收斂入骨，以氣運身務令順遂，乃能便利從心」。

11. 勁 整

一身之勁練成一家，分清虛實，發勁要有根源，勁起於腳趾和腳跟，主於腰間，形於手指，發於脊背，聚精會神，曲中求直，蓄而後發，柔中寓剛，如棉裏鐵，剛柔相濟。

12. 神 聚

神聚則一氣鼓鑄練氣歸神，氣勢騰挪精神貫注，開合有致，虛實清楚，虛非全然無力，氣勢要騰挪，實非全然

站煞，精神要貫注，緊要全在胸中腰間運化，不在外面，力從人借，氣由脊發。

（二）楊式太極拳總體要求

在初學太極拳架時，要明瞭太極拳有哪些具體要求，熟練掌握要領，如一把標尺，時刻檢查身體動作是否符合要求或相差幾分。以下主要介紹楊澄甫對學練楊式太極拳的總體要求以及筆者的一些體悟。

1. 虛領頂勁

楊澄甫先生將「虛領頂勁」列為《太極拳術十要》中之首要，可見其重要性。「頂勁，頭容正直，神貫頂，不可用力，用力則項強，氣血不能通流，須有虛領自然之意。非有虛領頂勁，則精神不能提起也」。

《十三勢行功心解》曰：「精神能提起，則無遲重之虞。」「虛領頂勁」百會穴虛虛上領，收頜豎項，神貫於頂。口輕閉，齒輕合，舌舔上腭。目專注，耳靜聽，面部自然。

2. 含胸拔背

含胸者，胸略內含。使氣沉於丹田也。胸忌挺出。挺出則氣擁胸際，上重下輕，腳跟易於浮起。拔背者，氣貼於背也。能含胸自能拔背。能拔背，則能力由脊發所向無敵也。

含胸即胸部放鬆，不凹不凸，略內含收，膈肌放鬆，使內氣沉於丹田，做到上虛下實。

3. 鬆　腰

腰為一身之主宰，能鬆腰然後兩足有力，下盤穩固，虛實變化皆由腰轉動，故拳論曰：「命意源頭在腰隙，有不得力者，必於腰腿求之也。」

腰部要鬆、活、旋轉、沉、中正。腰要鬆，全身舒適自然，腰脊為第一之主宰，身體四肢百骸協調一致，周身一家。腰要活，八面轉換。腰要旋轉，如軸承，輕靈活暢。腰要沉，使內氣沉入丹田，濁氣下降，上虛下實，下盤穩固。腰要中正，中者，不偏不倚；正者，不俯不仰，端端正正，中正安舒，支撐八面。

人身具備五弓。四肢各為一弓，腰為帶動四肢的最主要的一弓。

腰如弓形，胸部含收，尾骨臀部內收；腰椎第十四節即命門穴向後撐，腰呈弓形，由頭頂百會穴至襠部會陰穴，上下保持一條垂直線，也就是身體的重心軸線，這條軸線有性無形，無論盤架子還是推手都要保持中正平穩。

4. 分虛實

太極拳術以分虛實為第一要義，如全身重量皆坐在右腿，則右腿為實，左腿為虛。反之，坐在左腿，則左腿為實，右腿為虛。虛實能分，而後轉動輕靈。

盤架子或推手，無論上肢、下肢、軀幹等，身體各部的外形動作，還是各動作的運行過程，都有虛實存在和虛中有實、實中有虛的變化。這樣才能轉換靈便自如，身體中正不偏。一處有一處的虛實，處處總有一虛實。這些虛

實的變化都是透過意識的轉換來完成的，即有意所注者為實，無意於注者為虛，此時虛並非無氣，只是無意而已。

5. 沉肩墜肘

沉肩者，肩鬆開下垂也。若不能鬆垂，兩肩端起，則氣易隨之而上，全身皆不得力矣。墜肘者，肘往下鬆墜之意。肘若懸起，則肩不能沉，放人不遠，近於外家之斷勁矣。

要做到沉肩，首先要鬆肩，即肩部不可收聳，要用意想將肩部的肱骨頭向內合隨即向下引伸，使肩骨縫微開，即沉肩。墜肘，即肘部屈而勿直，肘尖有向地面的墜勁。沉肩墜肘都要做到自然，以利於意、氣、勁的順利暢通。

6. 用意不用力

太極拳論云：「此全是用意不用力。練太極拳全身鬆開，不使有分毫之拙勁，以留滯於筋骨血脈之間，以自縛束。然後能輕靈變化，圓轉自如。或疑不用力，何以能長力？蓋人身之有經絡，如地之有溝洫不塞而水行。經絡不閉而氣通。如渾身僵勁充滿經絡，氣血停滯，轉動不靈，牽一髮而全身動矣。若不用力而用意，意之所至，氣即至焉。如是氣血流注，日日灌輸，周流全身，無時停滯，久久練習，則得真正內勁。」太極拳論還云：「極柔軟，然後極堅剛也。」

太極功夫純熟之人，臂膊如棉裹鐵，分量極沉；而練外家拳者，用力則顯有力，不用力時則甚輕浮，可見其力乃外勁浮面之勁也。外家之力，最易引動，故不尚也。

平時練功盤架子，用心意使氣緩緩流行於骨外肉內之間，心意為嚮導，意行氣隨行。用心意時務必要心靜，心不靜，練拳不能沉著，氣則不能收斂入骨。心靜即是思想集中，專注練拳，心平氣自和。練太極拳能將內氣收斂入骨，才是真正的太極拳。

7. 上下相隨

上下相隨者，即太極論中所云：「其根在腳，發於腿，主宰於腰，形於手指。由腳而腿而腰，總須完整一氣也，手動腰動足動，眼神亦隨之動。如是方可謂之上下相隨。有一不動，即散亂矣。」

太極拳論講：「一動無有不動。」這種動包括內景外形、四肢百骸，都要在意識的調控下周身協調的運動，是內外形神俱動的一動百動。先是意動，隨之神動（眼）、身動、手動、腳動的節節貫串，上下相隨，內景外形，一動周身皆動，一停周身皆停，四肢百骸，完整一氣。

8. 內外相合

太極所練在神，故云神為主帥，身為驅使，精神能提得起，自然舉動輕靈。架子不外虛實開合，所謂開者，不但手足開，心意亦與之俱開；所謂合者，不但手足合，心意亦與之俱合。能內外合為一氣，則渾然無間矣。

內者，神、意、氣也，外者形體四肢百骸。內外相合就是要做到神、意、氣、勁、形的高度協調統一。

《太極拳解》曰：「心為令，氣為旗。」「先在心，後在身。」即運動在神意的統領之下，氣、勁、形相合相

隨，不可分割、分離，內不動，外不發，形神皆備，內外
統一。

9. 相連不斷

太極用意不用力，自始至終，綿綿不斷，週而復始，
循環無窮。原論所謂如長江大河，滔滔不絕，運勁如抽
絲，皆言其貫串一氣也。

練拳時用意識支配每一個動作，動作緩慢均勻，周身
節節貫串，勿令絲毫間斷，且自始至終，綿綿不斷，用意
不散，頭尾貫串一氣。每打一勢，「邁步如貓行，運勁如
抽絲」，「全身意在蓄神」。相連不斷，緩慢均勻，這也
是練意、運氣、長勁的需要。

10. 動中求靜

太極拳以靜寓動，雖動猶靜，故練架子愈慢愈好。慢
則呼吸深長，氣沉丹田，自無血脈噴張之弊。

靜中能動動猶靜，靜是在「鬆」的基礎上實現的，要
求全身無處不鬆靜。放鬆是身心內外和諧的一種狀態，內
意放鬆使呼吸平緩，神清氣爽，全身的肌肉、關節、皮膚
和內臟器官皆放鬆自然，即做到了心靜體鬆。

拳勢雖動，卻動中求靜，動即是靜，靜即是動，呼吸
緩慢勻長，氣沉丹田，腹式呼吸。

「能呼吸，然後能靈活」，開呼合吸，沒有憋氣的時
候。如果憋氣了也就是身上僵了、內氣滯了、身體不靈活
了，因此呼吸與動作配合好了，身體就會自然放鬆，動作
隨之靈活，也就不會產生心浮氣躁之弊。

（三）楊式太極拳運動方法

太極拳運動中的一些內容及方法在上述的基本要領和總體要求中已闡述，在此不多贅述，為使習者更好地遵循規律，掌握方法，提高拳藝，現詳細介紹太極拳運動的主要方法。

1. 心靜用意

習練者內心要平和清靜，沒有雜念，專心致志，心無二用，以練功之一念取代萬念，用心意掌握每招每勢，「勢勢存心揆用意」。

2. 一動俱動

太極為大宇宙，人體為小宇宙，人為太極之體，不可不動。從思想意識到身體內外、四肢百骸一動俱動，這種動是在意識掌握下的協調運動，是內外形神俱動。

3. 體鬆輕柔

思想放鬆，關節放鬆，身體放鬆，內外皆鬆。每打一勢輕輕運行，一舉動，周身俱要輕靈，並且輕而不浮，沉穩不僵，用意不用力。鬆柔是產生剛勁的基礎，極柔軟，而後極剛堅。

4. 緩慢均勻

緩慢均勻行內氣、練內力，邁步如貓行，運勁如抽絲，全身意在蓄神。

5. 節節貫串

勁力的傳遞是有序的，起於腳跟，主宰於腰間，形於手指，發於脊背，由腳而腿而腰，總須完整一氣，周身節節貫串，勿令絲毫間斷。

6. 相隨相合

身體同側手足運動要相隨，且要做到上肢的肩、肘、手與下肢的足、膝、胯上下六節相合相對，即外三合。還要做到神與意合、意與氣合、氣與力合，即內三合。全身內外相隨相合，使動作在意識的調控下協調一致。

7. 螺旋收放

太極拳要求兩手做螺旋勢弧形運動，無論是收手還是發手，都要同時做順時針或逆時針的軸形旋轉。做內旋時，拇指向手心方向軸形轉動；做外旋時，拇指向手背方向軸形轉動。兩手的運動軌跡是弧形的，處處有圓，曲中求直，兩腳的進步與退步也要走弧形。

8. 曲蓄其勁

人一身備五弓，身軀猶如一弓，兩臂為兩張弓，兩腿為兩張弓。五弓合一，即為全身的整體勁，觸之能旋轉靈活，能蓄能發，八面轉換、八面支撐。處處時時要「五弓俱備」，這是做到「勁以曲蓄而有餘」的必要條件。

所以，肘要垂墜，肩要鬆，含胸實腹，屈膝落胯，使周身富有彈性。

9. 形於手指

發手到落點時，手指要自然舒張，使掌心向外凸吐，意為向外吐勁發放。功深者可用神向前一領，將內氣發放出去，隨意遠近，瞬間神意一收，再將其氣收回。收時手指自然收攏，腕關節在收放時自然塌腕舒指、自然鬆活。收放皆非用力，以心行氣，不用絲毫拙力。

10. 陰陽相濟

拳以太極命名，拳中每動無不含太極之理，陰陽共存於拳的統一體內，有動靜，有陰陽，動之則分，靜之則合，陰不離陽，陽不離陰，陰中有陽，陽中有陰，相互依存，相互轉換，互補互濟，辯證統一。

（四）楊式太極拳十三勢

太極十三勢乃八卦加五行，即掤、捋、擠、按、採、挒、肘、靠此八卦也；進步、退步、左顧、右盼、中定，此五行也。掤、捋、擠、按，即乾、坤、坎、離四正方也。採、挒、肘、靠，即巽、震、兌、艮四斜角也。進、退、顧、盼、定，即火、水、木、金、土也。以上又稱八法五步，在拳法中的八法如下。

1. 掤

屈臂呈弧，橫於胸前，掌對胸口，勁達外沿（前臂外側），肘尖下垂，不僵不軟，勁在兩臂，源於腰腿。

2. 捋

掌心斜對，兩肘微屈，用腰帶手，由前向後，弧形外斜，捋前先引，引捋合用，無間無隙。

3. 擠

一臂屈胸前，另手扶內關，手臂不用力，兩臂要撐圓，含胸又拔背，身正頂頭懸，意氣發擠勁，腰腿功佔先。

4. 按

單雙隨意，虛引蓄勁，實發鬆沉，領指塌腕，鬆肩含胸，鬆腰坐胯，整體向前，似浪放船。

5. 採

抓實彼手，十指著力，輕黏重採，意氣下沉，鬆腰落胯，身正頭懸，偏採一邊，促彼失衡。

6. 挒

接手引捋，轉腰變挒，分化彼力，還制其身。勁發於腰，步法應變，得機得勢，進來肘靠。

上述六法中，掤、擠、按三法是向外發手，捋、採、挒三法是向內收手。在使用中捋、擠歸一法，即合用，兩法幾乎是一個整體，中間毫無空隙，使對方難以還手。按法用時要以步法相配合，採住對方手臂向前按出，急進步踏入對方中門（襠中），像海浪一樣用全身的力量加在對

方身上。捋、採、挒三法主要是用來分化轉移對方的來力，還制其身，三法常混合使用，如捋挒、採捋等連用無間無隙。此外，上述六法都可演變出很多不同的用法，如單是一個捋法就可以演變出掩捋、刀捋、挒捋、托捋、進步捋、退步捋、纏捋、轉身捋、翻身大捋、活步捋等。總之要隨機應變，不可拘泥一法。

7. 肘

屈肘用肘尖頂撞或橫擊、立擊。肘法是在與對方交手時能夠進身而拳來不及使用時，即可用肘擊，但與對方距離較遠時不可使用，即所謂「遠拳近肘貼身靠」。

膝與肘，都屬於上下肢中節，是近距離進攻的主要部位，拳家皆很重視。

8. 靠

靠是用肩頭或膀來靠擊對方胸或肋部。靠法主要以進、退、閃、轉的步法和身法配合使用，且必須在貼近對方時用腰腿發勁，將肩或背膀攧送出去才能奏效。拳勢中如倒攆猴，要退步先靠再肘擊；野馬分鬃，要進步先靠再分擊。前者用背膀靠，後者則是用肩頭靠，無論是哪一種靠都不可失中，失中則徒勞。

肘、靠二法都是在近身的情況下使用，是用上肢的中節和根節部位攻擊對方。

9. 進 步

兩腳交替相繼向前各上一步，即是進步（後腳越過前

腳內側向前邁步為上步）。用於緊逼對方而不及上步時，身體稍卸而步即進，是以退為進。如進步搬攔捶。

10. 退　步

前腳越過後腳內側向後退步，後腳變作前腳，即是退步（後腳斜撤，前腳向側方撤卸為撤步）。進步則進手進身，上下齊到，周身一家；退步則以手進而步退，以進為退。如倒攆猴、退步跨虎等。進退是生剋步法，須輕靈沉穩，緊密配合，隨進隨退；也是粘黏相隨法，一吐一吞，一抽一添，尋機擇勢而進擊。

11. 顧

是守護、閃化。

12. 盼

是進攻，即應用腿腳的擊法。

顧盼是防中有攻，攻中有防，攻防如一之法，在拳勢中如分腳、蹬腳（起腳寓踢踹彈截等法、落腳寓踩捆絆擠等法。又有起腳防護、移步閃讓等護法）擺蓮腳以及金雞獨立勢的提膝、震腳等擊法。

13. 中　定

是太極拳要領中最重要的一項，可以說是重中之重。中定，即定中正、定中氣、定中位、無過不及定中勁，中即常中，定無常定，不失中定。「中者，天下之正道」。在步法裏講中定，主要指站步的穩固，身體不失平衡。從

頭到腳，足為根，並要求根部穩固，不浮躁，舉步輕靈，只有輕靈平穩了，才能「立身平準」。所以《三十七心會論》中將腰脊定「為第一之主宰」，將喉頭定「為第二之主宰」，將地心（腳之湧泉）定「為第三之主宰」。

從頭頂百會穴向下，過丹田至會陰穴，始終保持一條無形的重心垂線。再經會陰穴向下直至地面，人體的支撐力自會陰穴分成左右兩股，過胯、膝、踝至腳下湧泉穴，以兩腳行或站的穩固來保持身體重心的垂直，無前後俯仰，無左右歪斜，立身穩固方能中正安舒，支撐八面，所以身體能否中正安舒兩腳是關鍵。

練太極拳發手時，腳五趾自然鬆舒，湧泉穴向上提起，足骨攏起，氣沉丹田，頭向上領，尾閭中正，身體自然中正安舒。中定應用在步法上除上述的穩固外，還須靈活，如讓中搶中、站中旋轉、閃開正中定橫中、閃必進（我閃後必進，抓住機勢）、進必閃（對方猛進時，我避其勢，以閃讓化之）等中定步法的靈活運用。

太極拳中的進、退、顧、盼、定主要是下肢步法和腿法的應用，在應用時一定要緊隨身法和手法的變換而靈活應變，即拳論所謂「力由脊發，步隨身換」。

楊式內傳太極拳108式（正路子）拳譜

第三十七式　右高探馬　　　　第六十三式　攬雀尾

第三十八式　右分腳　　　　　第六十四式　左單鞭

第三十九式　左高探馬　　　　第六十五式　右玉女穿梭

第　四十　式　左分腳　　　　第六十六式　左玉女穿梭

第四十一式　轉身左蹬腳　　　第六十七式　右玉女穿梭

第四十二式　左摟膝拗步　　　第六十八式　左玉女穿梭

第四十三式　右摟膝拗步　　　第六十九式　攬雀尾

第四十四式　進步栽捶　　　　第　七十　式　單　鞭

第四十五式　翻身撇身捶　　　第七十一式　雲　手（一）

第四十六式　進步搬攔捶　　　第七十二式　雲　手（二）

第四十七式　右蹬腳　　　　　第七十三式　雲　手（三）

第四十八式　左打虎勢　　　　第七十四式　單　鞭

第四十九式　右打虎勢　　　　第七十五式　蛇身下勢

第　五十　式　回身右蹬腳　　第七十六式　左金雞獨立

第五十一式　雙峰貫耳　　　　第七十七式　右金雞獨立

第五十二式　左蹬腳　　　　　第七十八式　左倒攆猴

第五十三式　轉身右蹬腳　　　第七十九式　右倒攆猴

第五十四式　進步搬攔捶　　　第　八十　式　左倒攆猴

第五十五式　如封似閉　　　　第八十一式　斜飛勢

第五十六式　十字手　　　　　第八十二式　提手上勢

第五十七式　抱虎歸山　　　　第八十三式　白鶴亮翅

第五十八式　斜攬雀尾　　　　第八十四式　左摟膝拗步

第五十九式　斜單鞭　　　　　第八十五式　海底針

第　六十　式　右野馬分鬃　　第八十六式　扇通背

第六十一式　左野馬分鬃　　　第八十七式　轉身白蛇吐芯

第六十二式　右野馬分鬃　　　第八十八式　進步搬攔捶

四

楊式內傳太極拳
108式(正路子)動作圖解

第一式　預備勢

面向正南方，兩腳並立，腳尖朝前，兩腿自然微屈；兩臂垂於體側，兩腋虛起，兩掌中指尖對準褲腿側縫，五指伸直，輕貼於大腿兩側，身體放鬆直立；眼向前平視。（圖1）

【要點】虛領頂勁，氣沉丹田，尾閭中正，沉肩墜肘，身體自然放鬆，中正安舒；口微閉，齒輕合，舌尖上捲，輕舔上腭；心靜神明，呼吸自然。

第二式　太極起勢

①兩腿屈膝微蹲，身體重心移至右腿，左腳向前（南）邁出一步，腳跟先著地，隨之腳掌落地；身體重心慢慢移至左腿，右腳跟至左腳內側，不落不停，隨即向右橫開一步，與肩同寬，兩腳平行站立，腳尖朝前；兩腿自然直立，身體重心落於兩腳中間；兩

圖1

圖2　　　　　　　　圖3　　　　　　　　圖4

臂內旋慢慢向前平舉，與肩同寬同高，兩臂微屈，肘尖下垂，鬆肩墜肘，掌心朝下，掌指自然伸直分開，指尖朝前；眼平視前方。（圖2—圖4）

②身體往下慢慢屈膝微蹲身；同時，兩肘下沉帶動兩掌隨體徐徐向下按至腹前，與胯平，指尖朝前，掌心朝下；眼向前平視，神注兩掌。（圖5）

【要點】身體中正，沉肩墜肘，含胸拔背，氣沉丹田；兩臂自然彎曲，兩腋虛起，兩掌根微下沉，五指自然分開，兩虎口遙相對，動作協調一致。

③左掌向上呈弧形移至胸前，前臂平行，肘部略低於腕，掌心朝下，指尖朝右；右臂外旋翻掌弧形移至腹前，掌心朝上，指尖朝左，雙掌心相對，成抱球狀；眼平視兼顧右掌。（圖6）

④腰向左轉，兩掌抱球隨腰向左轉90°，隨之身體轉向東；隨之右臂內旋翻掌呈弧形由下往上移至胸前，掌心朝

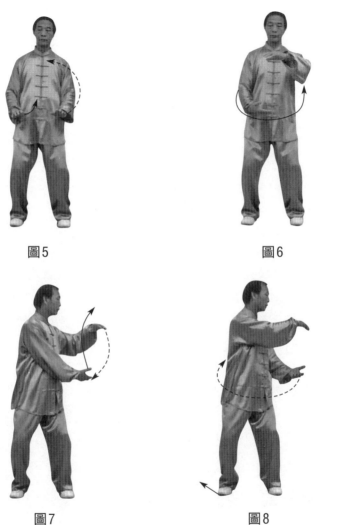

圖5　　　　　　　　　　　圖6

圖7　　　　　　　　　　　圖8

下，指尖朝左，左臂外旋翻掌呈弧形由上往下移至腹前，掌心朝上，指尖朝右，兩掌掌心相對，成抱球狀；眼神先隨視左掌再轉顧右掌。（圖7、圖8）

圖9

　　⑤腰向右轉成面向西南，隨轉腰右腳以腳跟為軸，前腳掌向外碾轉，腳尖朝西南，重心移至右腿，右腿屈膝微蹲；同時，兩掌抱球不變，隨腰的轉動，一直在胸前；眼隨視右掌不變。（圖9）

　　【要點】起勢揉球，緩慢均勻徐徐的旋轉，兩掌始終是抱球狀，由腰帶動左右運揉轉動，動作舒緩，圓滿均勻，連綿不斷，以內帶外，協調一致，做到輕、靈、沉、穩，不急不躁，鬆靜自然，中正安舒。

第三式　攬雀尾

（1）左　掤

　　上動不停，腰繼續向右微揉轉，左腳收至右腳內側不停不落地；同時，左臂內旋呈弧形舉至胸前，肘部稍低

圖10　　　　　　　　　　圖11

於腕，掌心斜朝上，指尖朝右；右掌呈弧形向下、向後沉，比左掌略高，掌心斜朝下，指尖斜朝前；兩掌掌心斜向相對，成抱球狀；眼神隨視右掌，後轉向前平視。（圖10）

②向左轉腰，左腳向前（正南）呈弧形邁出一步，腳跟先著地，身體重心前移，前腳掌落地，左膝前弓，隨之右腿自然伸直（膝略屈），成左弓步；同時，兩掌抱球掌呈弧形隨身體重心前移向前掤出，左腕高與左肩平，肘部稍低於腕，掌心斜朝上，指尖朝右，右掌心斜朝下，指尖斜朝上，左腕向下按至腹右側；眼神隨視雙掌，即轉向前平視。（圖11）

【要點】掤出時，雙掌隨弓膝向前移重心掤出，鬆肩墜肘，含胸拔背，有頂頭之意，兩臂撐圓，腰要塌，不可前傾。凡弓步，弓腿之膝不可超出腳尖，後腳跟蹬實，不

圖12　　　　　　　　　　　　圖13

可離地，前實後虛為前重七、後重三的虛實步，身體保持正中。

（2）右　掤

①上動不停，左腳前掌向內碾扣45°，向右轉腰，面向西南；身體重心全部移至左腿，收右腳於左腳內側不落不停；同時，右臂外旋呈弧形隨轉體至腹前，掌心朝上，指尖朝左；左臂內旋隨轉體呈弧形移至胸前，掌心朝下，指尖朝右（西），成抱球狀；眼神顧及左掌。（圖12、圖13）

②腰向左微揉轉，隨之收尾骨團身，右腳向右（西）呈弧形邁出，腳跟先著地，隨重心右移，前腳掌逐漸落地，右腿屈膝前弓，成右弓步；同時，左掌呈弧形向後下

圖14　　　　　　　　　　　圖15

移，右掌向上移，兩掌掌心相對，隨之向右轉腰；左掌隨右掌呈弧形向前掤出，右腕高與肩平，肘部稍低於腕，掌心斜朝上，指尖朝左，左掌心斜對右掌，指尖斜朝前；眼神隨視雙掌，即轉向右掌前方。（圖14）

【要點】同（1）左掤。

（3）捋

①上動不停，腰向右微揉轉，右掌內旋呈弧形向前伸出，掌心朝左，垂肘屈臂；同時左掌外旋，掌心朝右，移至右肘內側，兩掌呈捋勢；眼神隨視右掌。（圖15）

②向左轉腰，身體重心移向左腿，左腿屈膝下坐；右前腳掌抬起，腳跟著地，成虛步；同時，兩掌隨轉腰由右上方呈弧形向左下方捋撤，左掌至左胯前，掌心朝裏，指

圖16　　　　　　　　　　圖17

尖朝前，右掌至腹前，掌心朝外，指尖朝前；眼神隨視雙掌，即轉向前平視。（圖16）

【要點】搌勢意在手心，用腰沉墜，邊向後下方搌邊向左轉腰，不可後仰、歪斜，動作柔順通暢。身體保持中正安舒，全體放鬆，頭要上領，含胸拔背，沉肩墜肘。

（4）擠

①上動不停，右臂外旋屈肘呈弧形移至腹前，肘部稍低於腕，掌心斜朝上，指尖朝左；同時左臂內旋屈肘，掌心輕貼在右臂內關處；眼神隨視右掌，即轉向前平視。（圖17）

②身體重心向前移至右腿，右前腳掌逐漸落地，右腿屈弓，成右弓步；同時，左掌隨右前臂向前擠出，右前臂

圖18

圖19

高與胸平，肘部稍低於腕，掌心朝裏，指尖朝左；眼神隨視右臂，即轉向前平視。（圖18）

【要點】擠是擊出的手法，頭要頂領，含胸拔背，兩臂撐圓，身體保持中正，用弓膝移動重心將臂整體向前送出。

（5）按

①上動不停，向右轉腰45°，身體轉正（西）；同時，右臂內旋屈伸，左掌經過右前臂上方與之交叉，雙掌心朝下，指尖朝前，隨即兩掌向左右平分，與肩同寬；眼神顧左右掌，即轉向前平視。（圖19）

②身體重心移向左腿，左腿屈膝下坐，右前腳掌抬起，腳跟著地，成右虛步；同時，雙掌呈弧形屈肘移至胸

圖20   圖21

前，掌心斜朝前，指尖斜朝上。（圖20）

③團身內收尾骨，左腿屈膝蹲身，身體重心移向右腿，右前腳掌落地，右腿屈弓，成右弓步；同時，雙掌呈弧形向前按出，與肩同寬，掌心朝前，指尖朝上；眼神隨視雙掌，即轉向前平視。（圖21）

【要點】雙掌左右平分，最大不超過肩寬，隨下坐墜肘收至乳前，又隨身體前移再向前按出，兩臂稍有前伸，基本上是用腰腿的動作將臂掌整體送向前去，內不可用拙力，只用心意即可。頭有上領之意，含胸拔背，沉肩墜肘，身體保持中正。

第四式　單　鞭

①上動不停，雙掌向前伸平，腰向左轉，身體重心向

圖22

圖23

左移，左前腳掌往外碾轉，腳尖朝南，屈膝半蹲，右腿自然斜伸，隨之右前腳掌內扣，腳尖朝南；同時，雙掌形不變隨轉體至東南；眼神隨視雙掌，即轉向前平視。（圖22、圖23）

②向右轉腰，重心移至右腿，右腿屈膝半蹲，左腿屈膝斜伸；同時，兩掌隨轉體向裏經胸前向右平抹半個平面橢圓；眼隨視雙掌。（圖24）

圖24

③身體重心完全移至右腿，左腳收至右腳內側不停不

圖25　　　　　　　　　　圖26

落地，上體微向右轉；同時，右掌由胸前向右前方伸出，五指捏成吊手，右腕上提，勾尖下垂，腕與肩平，上體微向左轉；腰帶左掌向左弧形上提，左臂外旋屈肘，肘稍低於腕，掌心朝內，指尖對著右腕，距離10公分左右；眼神隨視雙掌，即轉向右勾手前方。（圖25）

④向左轉腰，左腳呈弧形向左（東）邁出一步，腳跟先著地，身體重心左移，左前腳掌隨轉體逐漸向外碾轉，當腳尖朝正東時前腳掌落地，右腳向內碾扣，腳尖朝東南，左膝屈弓，右腿自然斜伸，成左弓步；同時，左掌隨轉體向左內旋翻轉向前推出，掌心朝前，指尖朝上，與眼齊平，屈臂垂肘；右勾手鬆肩向右伸，屈臂垂肘，勾頂與肩平；眼神隨視左手。（圖26）

【要點】內氣帶動身軀、以身帶動四肢，內外上下協

圖27

調一致，動作輕靈圓活，連綿不斷。內含意勁，不急不躁，身體保持中正，全身放鬆，左臂微屈，肘尖下垂，不可挺直，左肘與左膝上下相對，左掌尖、鼻尖和左腳尖方向一致。兩腳橫向距離在15公分左右，上體中線斜對左前方45°。兩臂開展適中，不可過大，在100°左右，右勾手肘部微下垂，含胸拔背，沉肩墜肘。

第五式　提手上勢

①上動不停，向右轉體，左腳向內碾轉45°，腳尖朝東南方向，身體重心繼續左移；同時，右勾手張開變掌，掌指朝右前上方，掌心朝斜上方，與肩同高；左掌外旋，移至左前方，左肘屈墜，掌心朝前上方，指尖朝左前上方；繼續向右轉腰，隨之右腳提收至左腳內側不停不落；眼轉視前方（南方）。（圖27）

圖28　　　　　　　　圖29

②右腳向左腳前出半步，腳跟落地，與左腳跟在一條直線上，兩膝屈蹲，重心坐在左腿上，成右虛步；同時，兩掌從左右向中心線呈弧形合提，團身收臀，右掌側立，指尖與鼻齊；左掌合於右肘內側，高與胸齊，掌心朝右肘；眼神通過右手食指向前平視。（圖28）

【要點】內外要合，手足要合，兩掌合提。右腳前出落地時做到手足相合，兩掌合提時團身內收尾骨，右掌指高不過鼻尖，以免擋視線。兩肩鬆沉，兩肘屈垂，頭頂上領，身體中正斜向東南，臉向正南，含胸拔背。

第六式　白鶴亮翅

①上動不停，腰向上微提，重心移至左腿，屈膝半蹲，右腳抽回提起；同時，右掌內旋呈弧形收回經胸前，隨即右臂外旋呈弧形移至腹前，掌心朝上，指尖朝左；左

圖30

圖31

掌外旋呈弧形挑起，後內旋移至胸前，掌心朝下，指尖朝右，兩掌掌心相對，成抱球狀。（圖29、圖30）

②身體團身，內收尾骨，屈膝蹲身，右腳向前（南）邁出一步，腳跟先著地，重心移至右腿，右前腳掌內扣，腳尖朝東南，右腿屈膝前弓，左腿屈膝斜伸於身後；同時，右掌弧形抄至膝前，左掌弧形隨著右掌，兩掌掌心相對成抱球狀；眼神隨動作而視，即轉向前平視。（圖31）

【要點】海底撈月動作連貫柔順，步法進退輕靈，蘊含頭打、肩靠、掌撩陰之意。

③向上起身，轉體正東，隨之收左腳經右腳內側向前（東）出半步，前腳掌虛點地上，成左虛步，右腿微屈膝；同時，雙掌隨轉體上下弧形分開，右掌內旋上穿分至

圖32

圖33

右額前，手心朝前，指尖朝斜上，左掌下採至左胯外約一拳寬，手心朝下，指尖朝前，兩臂屈肘圈臂；眼先隨視右掌至臉前時轉視前方。（圖32）

【要點】身體保持正中，不可前俯、後仰、挺胸、翹臀，動作上下內外協調一致，圓活自然。左掌下按、右掌上提時，頸、腰、肩、肘、腕、指等關節鬆開伸長，然後恢復自然。此勢為高虛步，不必儘量向下坐身。海底撈月變亮翅，左手臂內旋向上挑架的同時，進右掌向對方軟肋橫擊，即挑打軟肋不留情。

第七式　左摟膝拗步

①上動不停，雙腿屈膝往下蹲並向左轉腰；同時，右臂外旋隨轉腰由頭上經臉前向下弧形移至左肩旁，掌心朝外，指尖朝上；左掌外旋隨轉腰由下向後畫弧揮至左胯

圖34

圖35

外，指尖朝下，手心朝前；眼神隨視右掌。（圖33）

②向右轉腰，同時，左掌隨轉腰經過臉前畫弧至右肩前，掌心朝右，指尖朝上；右掌經腹前向右後方畫弧揮至胯旁，手心朝內，指尖朝下；眼神先顧右掌後視左掌。（圖34）

③向右轉腰，左掌隨轉腰向右下畫弧至右肋旁，掌心朝下；右掌外旋向右後方畫弧揮至右後上方，掌心斜朝上；同時，收提左腳於右腳內側，不停不落；眼先顧左掌後隨視右掌。（圖35）

【要點】動作不停連綿不斷，雙掌從面前畫弧，有護住臉之意，腰、肩、臂要鬆、活、轉、柔，不可僵硬、挺板、滯呆。

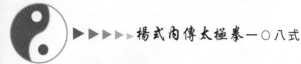
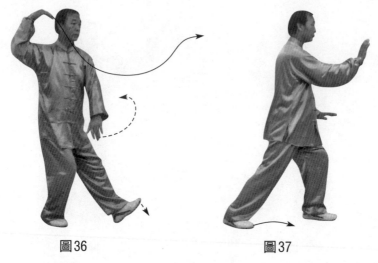

圖36   圖37

④身體重心移至右腿，隨之向左轉腰，左腳向東呈弧形邁出，身體重心漸漸前移，左腿屈膝前弓，右腿自然伸直，成左弓步，隨之身體轉向正東；同時，左掌隨轉體經膝前畫弧摟至左胯旁，掌心朝下，指尖朝前，左臂彎曲肘尖朝左後；右掌向上經右耳根側向前（東）弧形推出，掌心朝前，指尖朝上，右臂彎曲垂肘，指尖與鼻尖平；眼神先顧左掌後顧右掌，即轉向前平視。（圖36、圖37）

【要點】在摟膝右掌向前按出時，身體保持中正，含胸拔背，沉肩墜肘，兩臂不可挺直，內外協調一致。

第八式　手揮琵琶

①上動不停，向上提腰，右腳向前跟至左腳後落步，腳尖朝東南，重心移至右腿，屈膝半蹲，左腳跟提起，腳尖虛點地；同時，左臂外旋，左掌由左胯旁向身前弧形托

圖38

圖39

起再內旋，掌心朝前，指尖朝
右；右臂內旋呈弧形移至身前，
掌心朝前，指尖朝左，雙掌交叉
向前上方掤，雙臂撐圓，腕與肩
平；眼隨視雙掌。（圖38、圖
39）

②左腳向前出半步，腳跟著地，
腳尖翹起；上體微向右轉，胸中線朝
東南斜方；同時，雙掌左右弧形分開
復又向左前方合出，左臂屈伸，肘尖　　圖40
下垂，腕與肩平，掌心朝右，指尖斜
朝前，左臂在前；右臂彎曲在後，右掌收於左肘內側，掌
心斜朝下；眼神隨視雙掌，即轉視左手食指。（圖40）

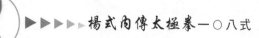

| 圖41 | 圖42 |

【要點】雙掌向上掤架,高不過眉,下至胸肋,由中心起手,兩臂呈弧形向左右分開,隨即向中心合提。內意要有合勁、錯勁和向前發放勁。保持身體中正,沉肩墜肘,頭有上頂之意。定勢時,左掌中指要上對鼻尖、下對左腳尖,即「三尖相照」。兩腋虛起,可容拳,不可夾腋。

第九式　左摟膝拗步

①上動不停,向右轉腰,身體重心完全移至右腿,左腳收回虛提至右腳內側不停不落地;同時,右掌外旋向下、向右後方隨轉體畫弧向右側托起,掌心朝左前;左掌內旋揮至右胸下方,掌心斜朝下;眼先顧左掌後隨視右掌。(圖41)

②向左轉腰,左腳向東呈弧形邁出一步,腳跟先著

圖 43   圖 44

地，隨轉體重心漸漸移向左腿，前腳掌逐漸落地，左膝屈弓，右腿自然伸直，成左弓步；同時，左掌內旋由右向左經小腹、左膝前畫弧摟至左胯旁，掌心朝下，指尖朝前；右掌由右向上經耳根弧形向前（東）推出，掌心朝前，指尖朝上，領指坐腕，右臂屈曲，垂肘鬆肩，不可挺直；眼神隨視右掌，即轉向前平視。（圖 42、圖 43）

【要點】同第七式左摟膝拗步。

第十式　右摟膝拗步

①上動不停，向左轉腰，左前腳掌向外碾轉約 45°，腳尖朝東北，重心左移，左腿屈蹲，右腳跟提起；同時，右掌隨轉體向左畫弧移至胸前，掌心朝下，指尖朝左；左掌外旋翻掌，掌心朝上隨轉體收至腹前，指尖朝右，兩掌掌心相對，成抱球狀；眼隨動作而視。（圖 44）

圖45　　　　　　　　圖46

②向左轉腰，右腳收回提至左腳內側；同時，左掌心朝上向左前方（西北）弧形托起；右掌弧形下按至腹前；眼神轉視左掌。（圖45）

③向右轉腰，右腳向前（東）呈弧形邁出一步，腳跟先落地，隨轉腰右腳向外碾轉，腳尖朝東，前腳掌落實，重心移至右腿，右膝屈弓，左腿自然伸直，成右弓步；同時，左掌向上舉起經左耳根弧形向前（東）推出，掌心朝前，指尖朝上，垂肘鬆肩，領指坐腕；右掌經小腹、膝前弧形摟至右胯旁，掌心朝下，指尖朝前；眼隨視左掌，即轉向前平視。（圖46、圖47）

【要點】摟膝拗步時用腰轉帶動手臂畫弧，垂肘屈臂，一掌托起，另一掌按下，不可有一處停滯。碾腳與轉體要同時，且重心在前弓腿上，無須移重心；轉體時保持

圖47　　　　　　　　　　圖48

中正，不可左右倚斜；掌向前推出臂要屈，不可直伸，手與腳尖齊，塌腰鬆肩墜肘，含胸拔背，頭上領，氣下沉丹田。內外協調一致，連綿不斷，輕靈圓活。

第十一式　左摟膝拗步

①上動不停，向右轉腰，右前腳掌向外碾轉45°，腳尖朝東南，隨之重心右移，右膝屈蹲，左腳跟提起，左腿屈膝伸於後；同時，左掌隨轉體向右畫弧移至胸前，掌心朝下；右掌外旋翻掌，掌心朝上，抱於腹前，兩掌呈抱球狀；眼隨視左掌。（圖48）

②其他動作同第七式左摟膝拗步，參見圖35—圖37。
【要點】同第七式左摟膝拗步。

圖49

第十二式　手揮琵琶

動作和要點與第八式手揮琵琶相同，參見圖38—圖40。

第十三式　左摟膝拗步

動作和要點與第七式左摟膝拗步相同，參見圖34—圖37。

第十四式　進步搬攔捶

①上動不停，向左轉腰，左前腳掌向外碾轉45°，胸中線轉向東北方向，身體重心移至左腿；同時，右掌隨轉腰沿順時針向左下方畫弧搬掛隨之握拳；左臂外旋翻掌，掌心朝上，收肘屈臂經左胯旁弧形向左方托起，高與左肩平，右拳靠近左肘內側；眼神隨視右手。（圖49）

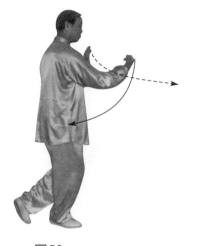

圖50　　　　　　　　　　圖51

②向右轉腰，提右腳經左腳內側弧形向前邁步，腳尖朝東南方，左腳跟虛起，前腳掌著地，身體重心移至兩腿間，身體轉向朝東；同時，右拳以肘為圓心由左側隨轉體向前用拳背弧形搬打，高與右肩平，拳心朝上；左掌弧形上移至左肩前，掌心朝前下，與右拳斜對；眼神隨視右手。（圖50）

③身體重心移至右腿，隨之向右轉腰，右腿彎曲，左腳跟抬起；同時，右拳隨轉腰屈肘弧形抽回至右肋前，拳心朝上；左掌向前（東）弧形按出，指尖斜朝上，掌心朝前，領指坐腕，與胸同高，沉肩垂肘，臂屈伸；眼隨視左掌，即轉向前平視。（圖51）

圖52　　　　　　　　　　　圖53

④向右轉腰，身體重心移至右腳，左掌隨轉腰沿順時針向右平行畫弧攔抹掌；隨之提左腳向前弧形進步，左腳跟先落地，隨之向左轉腰，左腳掌落地，腳尖朝東；左掌隨轉腰橫掌向左側弧形攔掌，隨之重心移至左腿，左膝屈弓，右腿自然伸直，成左弓步；同時，右臂內旋，右拳向前立拳捶出，高與肋平，屈臂垂肘（此時左掌已畫完平圈正好回至前方，輕扶在右前臂內側）；眼神先隨視左掌，後注視右拳前方。（圖52、圖53）

【要點】搬打高不過肩，拳到掌隨；收拳出掌緊相連，手足相隨，腰帶四肢，出拳不可遠，拳腳上下相對，肘屈垂，前臂平伸，不可伸直求遠，身對前方（東），不可偏斜；左掌向右再向左攔掌畫弧是一個平面的「∞」字形。內外協調一致，動作連貫，靈活順暢，身體中正，不可歪斜及前俯後仰。

圖54

圖55

第十五式　如封似閉

①上動不停，左臂外旋翻掌微向前貼右臂下面，右臂外旋，右拳變掌，隨之腰向左微揉轉，身體重心移至右腿，屈膝半蹲，左腳尖上翹；同時，雙掌隨轉腰向左右弧形分抽至胸前，掌心斜朝裏，指尖斜朝上。（圖54、圖55）

②鬆腰團身，內收尾骨，重心移至左腿，左膝屈弓，右腿自然伸直，成左弓步；同時，兩掌隨身體前移微向下畫弧向前按出，兩掌與肩同寬，腕與肩平，掌心朝前，指尖朝上；眼神隨動作而視，即轉向前平視。（圖56、圖57）

【要點】兩手交叉隨體回收時鬆肩墜肘，肘略分開不

| 圖56 | 圖57 |

可外凸或抬起，兩臂內含掤勁以防把自己捆住，身體中正，不可前俯後仰。雙掌前推時做到蹬腿向前送腰，腰送兩臂，臂送雙手，領指坐腕，節節貫穿，完整一氣，柔活圓滿，不停不滯。

第十六式　十字手

①上動不停，兩臂內旋，兩肘屈曲向外撐，雙掌由身前弧形向上托舉至頭前，掌心朝外，掌指斜相對；身體重心移至左腿，隨之向右轉腰，重心右移，右前腳掌外碾，腳尖朝南，左腳內扣，腳尖朝南；眼視右前。（圖58）

②向左轉腰，重心移向左腿，屈膝下蹲，收提右腳經左腳內側向右橫開一小步，與肩同寬，重心移至兩腿間，兩腳蹬地起身，膝關節微屈；同時，雙掌向左右兩側分開

圖58

圖59

圖60

畫弧抄於膝下交叉相抱，掌心朝上，隨身體上升交叉抱至
胸前，左臂在裏，右臂在外，掌心斜朝內，成十字狀；眼
隨動作而視，平視前方。（圖59、圖60）

圖61　　　　　　　　　　圖62

　　【要點】此動先向上掤架，再分劈、抄抱，後十字交叉。內含掤勁，內外合一，上下相隨，協調一致，同時完成。兩臂呈弧形運行時，須鬆肩墜肘，不可聳肩抬肘。

第十七式　抱虎歸山

　　①上動不停，腰隨氣先右後左揉轉，重心左移；同時，左掌隨轉腰外旋由右胸前經小腹向左畫弧舉至左前上方，掌心朝上；右掌內旋由左胸前移至腹前，掌心朝下；眼視左手方向。（圖61、圖62）

　　②提右腳向西北方向弧形撤一步，腳跟落地，隨即轉腰向右移重心，右腳向外碾轉，腳尖朝西北，左腳內扣，腳尖朝西，右膝屈弓，左腿自然伸直，成右弓步。同時，右掌向下經小腹、膝前畫弧摟至右胯旁，掌心朝下，指尖

圖63　　　　　　　　　　　　圖64

朝前；左掌向上經左耳根向前弧形按出，掌心朝前（西北），指尖朝上；眼隨視右掌，平視前方。（圖63）

【要點】與第十式右摟膝拗步相同。

第十八式　斜攬雀尾

（1）右掤

①上動不停，腰先右轉再左轉，重心移至左腿，同時，左臂隨轉腰弧形移至胸前，掌心朝下，右臂外旋弧形移至腹前，掌心朝上，兩掌手形不變，隨重心左移轉至左側，掌心相對，成抱球狀；眼隨視雙掌。（圖64）

②鬆腰下沉，隨之收尾骨團身，屈膝下蹲，重心前移，右膝屈弓，左腿自然伸直，成右弓步；同時，右臂內

圖65　　　　　　　　圖66

旋呈弧形向身前挑起，肘部略低於腕，掌心斜朝裏，左掌向左下弧形移動，與右掌平行時，兩掌向前（西北）弧形掤出，右臂掤圓，腕與肩平，掌心斜朝上，指尖朝左，左掌心斜朝前，與右掌心斜相對；眼隨視雙掌，轉視前方。（圖65、圖66）（此動與第三式攬雀尾中的「右掤」相同）

【要點】與第三式攬雀尾中的「左掤」相同，唯左右相反。

（2）捋

動作和要點與第三式攬雀尾中的「捋」相同，參見圖15、圖16。

（3）擠

動作和要點與第三式攬雀尾中的「擠」相同，參見圖

圖67

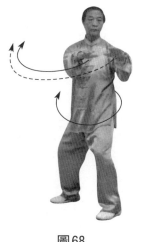

圖68

17、圖18。

（4）按

動作和要點與第三式攬雀尾中的「按」相同，參見圖19—圖21。

第十九式　肘底看捶

①上動不停，雙掌向前伸平，腰向左轉，雙掌隨轉體平抹至東南；同時，身體重心左移，左前腳掌向外碾轉，腳尖朝西南，右前腳掌內扣，腳尖朝西南，兩腳平行；眼隨視雙掌。（圖67、圖68）

②腰向右轉，重心移至右腿，屈膝半蹲，左腿屈膝斜伸；同時，雙掌隨轉體向裏經胸前平抹半個平面橢圓；眼

圖69

圖70

隨視雙掌。（圖69）

③腰繼續右揉轉，帶動雙掌沿順時針方向畫一圈，右掌內旋變拳，拳面朝左，拳眼朝下，左掌內旋翻掌，掌心朝外，指尖朝右拳，距離10公分左右；同時，收左腳經右腳內側向左側（東南方）邁出一步，腳跟先落地；隨之向左轉腰，重心移至左腿，屈膝半蹲，左前腳掌下落，腳尖朝東南，右腳向前進一步，腳跟落在左腳前，前腳掌內扣，腳尖朝東南，重心移至右腿，左腳跟提起，成丁字步，身體轉向正東；眼隨動作而視，即轉向前平視。（圖70—圖72）

④向右轉腰；右臂外旋成立拳，右拳以腕為圓心沿逆時針方向旋腕，向前劈捶，拳眼朝上；左臂外旋弧形抽回至左胸前成立掌；同時，繼續向右轉腰，左腳向前（東）

圖71

圖72

邁出半步，腳跟落地，成左虛步；左掌向左前方弧形穿劈，腕與左肩齊，掌心朝右，指尖斜朝前，右拳抽回至左肘下，成肘底看捶；眼隨動作而視，隨即平視前方。（圖73）

【要點】鬆腰鬆胯，含胸拔背，沉肩墜肘，不可聳肩，兩臂須呈弧形，不可挺直；胸部不要正對前方，要側朝右前斜方；轉身時步要

圖73

穩、身要正，以右拳面做貫耳捶，劈掌抽捶至左肘下為護中之意。

第二十式　左倒攆猴

①上動不停，腰向右轉；
同時，右拳變掌外旋向右後上
方弧形撩起，左掌稍外旋前
伸；眼隨動作而視。（圖74）

②鬆腰團身，提左腳經右
腳內側弧形向後撤一步，重心
後移至左腿，屈膝半蹲，右腳
抽回至左腳前約半步，腳跟著
地，成右虛步；同時，左掌隨

圖74

身體後移弧形向下外旋收掌至肋旁，掌心朝上；右掌內旋
向上由後往前經右耳根弧形向前按出，掌心朝前，指尖斜

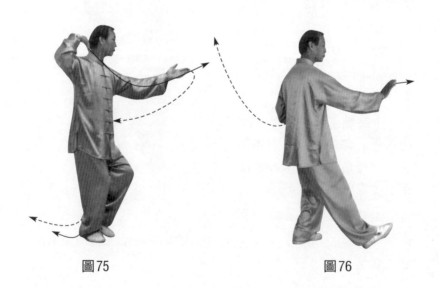

圖75　　　　　　　　　　　　　圖76

朝上；眼神隨視右掌。（圖75、圖76）

【要點】退步時團身屈膝，內外協調一致，配合完整，含胸拔背，沉肩墜肘，頭要頂領，內含膀靠肘頂之意。身體保持中正，不可前俯後仰、左右歪斜。

第二十一式　右倒攆猴

①上動不停，腰繼續左轉，提右腳收至左腳內側；同時，右掌微前伸外旋，左掌向左後斜上方弧形撩起，掌心朝下，隨即外旋變掌心朝上，屈肘收掌至左耳根；眼隨左手而動，轉視右手方向。（圖77、圖78）

②腰向右旋轉，隨之鬆腰團身，右腳向後弧形退一步，重心移至右腿，屈膝半蹲，左腳抽回至右腳前，腳跟著地，成左虛步；同時，右掌隨右腳後撤外旋向下，收至

圖77

圖78

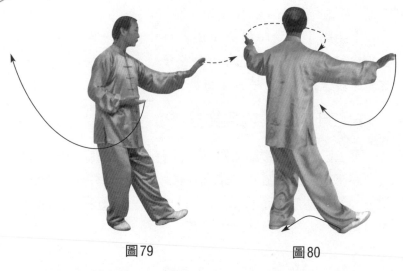

圖79   圖80

右肋側，掌心朝上；左掌由左耳根向前弧形按出，掌心朝前，指尖斜朝上；眼隨視左掌，轉視前方。（圖79）

【要點】與第二十式左倒攆猴相同。

第二十二式　左倒攆猴

動作和要點與第二十式左倒攆猴相同，參見圖74—圖76。

第二十三式　斜飛勢

①上動不停，左掌向左後方撩起至肩高時，右掌微向前伸；眼隨視左掌。（圖80）

②向右轉腰，右掌先內旋向右側畫弧，隨即外旋向下、向左畫圓圈抱至腹前，掌心朝上，指尖朝左；左掌內旋向右側畫弧移至胸前，掌心朝下，指尖朝右，兩掌心相

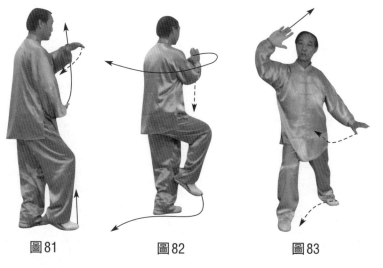

圖81　　　　　圖82　　　　　圖83

對，成抱球狀；同時，右腳抽回至左腳尖前，腳尖虛點地；眼隨動作而視，即轉向前平視。（圖81）

③向左轉腰，右腿屈膝提起，左腿屈膝下蹲；同時，右掌向上經左前臂外側托起至身前，掌心朝裏；左掌外旋，屈臂沉肘弧形抽回至胸前，掌心斜朝右，指尖斜朝上；眼隨視右掌。（圖82）

④向右轉腰，右腳向右側（正南）邁出一大步，重心移向右腿，右膝屈弓，左腿自然伸直，成右弓步；同時，右掌外旋翻掌向右側（南）弧形捌出，右臂微屈，肘下垂，鬆肩，腕與右肩平；左掌向左胯後撩出，掌心朝下，指尖朝左；眼隨動作而視，即轉向前平視。（圖83）

圖84   圖85

【要點】動作輕靈圓活，身體保持中正，鬆肩沉肘，兩臂微屈不可挺直，右掌成側立掌，含胸拔背，頭有頂領之意。內意雙掌同時發放，上下相隨，手腳齊到，內含靠打之意。

第二十四式　提手上勢

①上動不停，身體重心移至右腿，向右轉腰，提左腳收至右腳內側，隨即向後撤一步，身體重心後移，左腿屈膝半蹲，右腳回抽至左腳前約半步，前腳掌著地，成右虛步；同時，右掌向上捯起，掌心斜朝右，指尖朝前，舉於右額上，屈肘圈臂；左掌由左側向左前方弧形穿出，高與肩平，掌心朝右，指尖斜朝前；眼神稍隨右掌即轉向前平視。（圖84、圖85）

圖86　　　　　　　　圖87　　　　　　　　圖88

②向右轉腰，右掌內旋，向右後方反臂掄劈至肩平時，向左轉腰，右掌外旋經右胯外側向前弧形挑起，掌心朝左，指尖斜朝前；左掌抽回經胸前弧形向下按至腹前，掌心朝右，對準右肘部，指尖斜朝前；同時，提右腳抽回經左腳向前出腳，腳跟著地，腳尖抬起；眼隨動作而視，即轉向前平視。（圖86、圖87）

【要點】動作連貫，上下相隨，手腳相合，圓活順暢。左右手挑按時，內意放勁，同時鬆腰收尾閭，身體保持中正，含胸拔背，沉肩墜肘。

第二十五式　白鶴亮翅

①上動不停，團身收提右腳，左腿屈膝獨立；同時，左掌前推，掌心朝前，指尖朝上，與肩同高；右掌弧形向下收於腹前，掌心朝上；眼視左掌。（圖88）

圖89　　　　　　　　　　圖90

　　②右腳向前上步，屈膝前弓，成右弓步；同時，右掌內旋，掌心朝下，指尖朝前，向前戳插；左臂屈肘，左掌外旋，收至腹前；眼視右掌。（圖89）

　　③團身下蹲，向左轉體（正東方），收左腳虛點於右腳內側，成小丁步；同時，右掌弧形向下抄於右膝前，掌心朝上；左掌向下畫弧內旋按於右臂內側，掌心朝下；眼視右掌。（圖90）

　　以下動作和要點與第六式白鶴亮翅相同，參見圖31、圖32。

第二十六式　左摟膝拗步

　　動作和要點與第七式左摟膝拗步相同，參見圖33—圖37。

圖91

圖92

第二十七式 海底針

①上動不停，右掌內旋弧形提起輕貼於左腕部位，左掌外旋變掌心朝上，隨腰左轉逆時針方向畫一小圈，隨即右掌弧形引至右額上方，掌心朝外；同時，身體立起轉向東南，重心移至右腿，左腳抽回半步，前腳掌著地虛點，成小虛步。（圖91、圖92）

②兩掌形不變隨腰向左轉45°，身體向正東，隨之鬆腰團身收尾骨，右腿屈膝下蹲；左掌隨右掌往下墜至左小腿前，右掌心朝左，指尖朝前；眼隨視右掌。（圖93）

【要點】屈膝下蹲不可前俯，身軀要團合。兩掌下墜時氣沉丹田，頭向上領起，不可低頭。左掌隨右掌引至右額上方時與移重心、抽左腳同時完成，並有引拔之意勁；

圖93

圖94

兩掌下墜時要有千斤墜地之意。

第二十八式　扇通背

上動不停，右掌外旋變掌心朝上，左掌隨右掌外旋輕貼右腕部位，隨腰左轉向內逆時針方向畫圓圈，左掌向左前方按出，掌心朝前，指尖朝上，腕與左肩平；右掌向上弧形挑架至右額上方，掌心朝外，指尖朝左；同時，左腳向前邁步，身體重心前移，左膝屈弓，右腿自然伸直，成左弓步；眼神先顧右掌後顧左掌，即轉向前平視。（圖94）

【要點】左掌向前按勁時內氣向右旋轉，隨之向右轉腰，上身轉向東南，面向東，內意按勁要有旋轉勁，左臂勿伸直，沉肩墜肘；右掌向上挑架時前臂斜向，不可橫挑，動作連貫，內意清晰，內外協調一致。

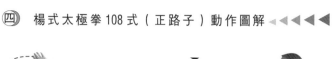

圖95

圖96

第二十九式　翻身撇身捶

①上動不停，向右轉腰，右掌向下弧形移至腹前變拳，拳背朝上，左掌向上弧形舉起，重心右移，左腳尖內扣；重心又移向左腿，身體向西南，提收右腳經左腳內側不停不落地向右側（西）邁出一步，重心右移，右膝屈弓，左腿自然伸直，成右弓步；同時，右拳以右肘為圓心向右前方反臂劈打，鬆肩沉肘，臂屈曲，拳與右肩平；

圖97

左掌橫掌向下弧形蓋按經右肘外側輕貼於右肘內側；眼隨動作而視，後轉向前平視。（圖95－圖97）

【要點】撇身捶落點稍偏西北方向。右臂屈肘，不可伸直，鬆肩沉肘，頭頂領勁，氣沉丹田，上下相隨相合，反背劈要與右腳上下相對，翻身轉體要中正。

第三十式　進步搬攔捶

動作和要點與第十四式進步搬攔捶相同，唯動作方向相反，參見圖49─圖53。

第三十一式　上步攬雀尾

（1）右　掤

①上動不停，向右轉腰，身體後坐，重心移至右腿，左前腳掌抬起，腳跟著地；同時，右拳變掌，掌心朝下，左掌外旋變掌心朝上，兩掌隨身體右轉弧形收至腹前。（圖98）

②向左轉腰，左腳向外碾轉，腳尖朝西南，身體重心移至左腿，右腳提收至左腳內側；同時，兩掌隨身體左轉弧形移至腹前時，右掌外旋向下，掌心朝上，左掌內旋向上，掌心向下，弧形移至左胸前，成抱球狀；眼隨視雙掌。（圖99、圖100）

圖98

圖99

圖100

③腰向左微揉轉，右掌
向上弧形挑起，左掌弧形下
落，隨即左掌隨右掌向右前
方弧形掤出，內意發放，掌
心斜朝上，臂微屈撐圓，腕
與右肩平，左掌至右胸前，
掌心斜朝前，與右掌心斜相
對，成抱球狀；同時，右腳
向前（西）弧形邁出一步，
身體右轉，重心移向右腿，
屈膝前弓，左腿自然伸直，

圖101

成右弓步；眼隨動作而視，即轉向前平視。（圖101）

【要點】同第三式攬雀尾中的「右掤」。

（2）捋

動作和要點與第三式攬雀尾中的「捋」相同，參見圖
15、圖16。

（3）擠

動作和要點與第三式攬雀尾中的「擠」相同，參見圖
17、圖18。

（4）按

動作和要點與第三式攬雀尾中的「按」相同，參見圖
19—圖21。

第三十二式　單　鞭

動作和要點與第四式單鞭相同，參見圖22—圖26。

第三十三式　雲　手（一）

①上動不停，向右轉腰，右前腳掌向外碾轉，腳尖朝
正南，重心移至右腿，左前腳掌向內碾轉，腳尖朝南；同
時，右勾手張開變掌，右臂內旋弧形移至右側前方，掌心
朝外，指尖朝上，右腕高與右肩平，屈臂鬆肩垂肘，肘尖
下垂；左臂向下、向裏弧形移至腹前，掌心朝下，指尖斜
朝前，屈臂；眼視右手方向。（圖102）

②向左轉腰，重心移至左腿，屈膝半蹲，提右腳至左
腳內側併步不落實；同時，左掌向右、向上畫弧經臉前內

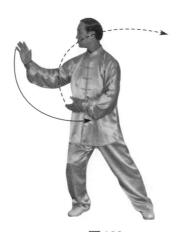

圖102

圖103

圖104

旋向左前方劈掌，腕高與左肩平，掌心朝外，指尖朝上，
鬆肩屈臂垂肘；右掌外旋向下、向左畫弧經右胯、小腹旋
轉移至左腹前，掌心朝上，指尖朝左，屈臂，鬆肩沉肘；
眼視左手方向。（圖103、圖104）。

圖105　　　　　　　　　　圖106

第三十四式　雲　手（二）

上動不停，向右轉腰，右腳踏實，左腳虛起向左邁步，重心移至左腿，提右腳至左腳內側並步不落實；同時，右掌隨轉腰向上、向右畫弧經臉前內旋向右前方劈掌，掌心朝外，指尖朝上；左掌外旋向下、向右畫弧經左胯、小腹移至右側腹前，掌心朝上，指尖朝右；眼隨動作而視。（圖105、圖106）

第三十五式　雲　手（三）

動作與第三十四式雲手（二）相同，參見圖103、圖104。

【要點】雲手走側移步，提腳先提腳跟再提腳尖，落腳先落腳尖再落腳跟，漸漸移重心，落腳踏實，另一腳即

圖107

圖108

虛提離地，移步時身要中正平穩，不可上下起伏。兩臂在身前左右畫圓，手遠不過尺，高不過眉，上護臉、下護身。以腰為軸帶動兩臂轉動，自然圓活，虛腋鬆肩，頭上領。轉腰時，屈膝下蹲保持不變形，不可腰轉膝也轉，做到手腳、上下、腰身、內外相合相隨，腰轉雲手，步隨身換，連綿不斷。

第三十六式 單 鞭

①上動不停，向右轉腰，重心移至右腿，屈膝半蹲，左腳虛起；同時，右掌向右、向上經臉前內旋翻掌畫弧至右側前方，右掌變勾，勾尖朝下；左掌向下、向右畫弧經左胯、小腹至右胸前，掌心朝下，平抹一小圈外旋變掌心朝內，指尖朝右；眼神先顧左掌後顧右掌，即轉向右前平視。（圖107、圖108）

圖109

圖110

②以下動作與第四式單鞭的動作
④相同，參見圖26。

【要點】同第四式單鞭。

第三十七式　右高探馬

①上動不停，提右腳向前收又向
後撤回，腳尖外撇45°，身體重心移
至右腿；同時，兩臂屈肘內收又自然
向外伸展；眼向前平視。（圖109、
圖110）

圖111

②向左轉腰，左腳回抽半步，腳
跟提起，前腳掌落地，成小虛步；同時，右勾手變掌外
旋，屈肘疊臂向上經右耳根側，掌心朝下橫掌內旋畫弧向

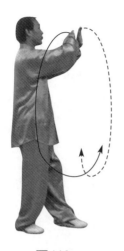

圖112

圖113

前按出，掌外側斜朝上，掌心斜朝下，指尖朝左，右臂微屈，肘部稍低於腕，塌肩垂肘，掌高與肩平；左臂外旋翻掌，掌心朝上，指尖朝右，橫掌畫弧抽回腹前；眼隨動作而視。（圖111）

【要點】右掌向前按出時身體往上起，不可挺直，氣沉丹田，勁到手掌。動作內外、上下協調一致，身體中正，含胸拔背，沉肩墜肘。

第三十八式　右分腳

①上動不停，雙掌內旋上掤弧形舉至頭前上方，距離20公分，指尖斜相對，兩臂微屈撐圓，身體重心移至左腿，兩腿屈膝半蹲；同時，兩掌向左右兩側分開，邊分邊外旋畫弧至膝下圈抱，左掌在裏，右掌在外，成十字手狀，兩掌掌心斜朝裏；眼隨動作而視。（圖112、圖113）

圖114　　　　　　　　　　圖115

②向右轉腰，左腳用力蹬地起身，左腿微屈，右腿屈膝提起向右斜前（東南）方分腳，腳面自然繃平，高與胯平；同時，兩手交叉抱至胸前，距胸30公分左右，向上、向左右兩側邊內旋邊弧形分開，右掌隨腳向右前方展出，掌心朝外，右肘尖朝下；左掌向左側弧形展出，掌心朝外，指尖朝左前方；眼神隨視右掌，即轉向前平視。（圖114、圖115）

【要點】上掤時雙臂撐圓，鬆肩，墜肘，頭正；圈抱好似搬物，屈膝下蹲，不可低頭。分腳時，身體保持中正，左腿微屈，支撐穩固，鬆肩展臂撐圓，用腰的旋轉力，使內意勁貫至右腳，手腳動作相隨同時完成。

第三十九式　左高探馬

上動不停，右腿屈膝回收向右斜方（東南）下落，重

圖116

圖117

心移至右腿，屈膝前弓，左腿自然伸直；同時，右掌外旋翻掌，掌心朝上，由前向下弧形橫掌收至腹前；左掌外旋翻掌，掌心朝上，弧形向上經左耳根，橫掌內旋，向前弧形按出，掌心斜朝前，指尖朝右；眼神先顧右掌後顧左掌，即轉向前平視。（圖116、圖117）

【要點】同第三十七式右高探馬。

第四十式　左分腳

①上動不停，雙掌內旋上掤弧形舉至頭前上方，相距20公分，指尖斜相對，兩臂微屈撐圓，身體重心移至右腿，兩腿屈膝半蹲；同時，兩掌向左右兩側邊分邊外旋畫弧至膝下圈抱，右掌在裏，左掌在外，成十字手狀，兩掌心斜朝裏；眼隨視動作。（圖118、圖119）

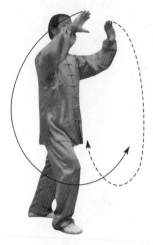

圖118

圖119

②向左轉腰，右腳用力蹬地起身，右腿微屈，左腿屈膝提起向左斜前（東北）方分腳，腳面自然繃平，高與胯平；同時，兩手交叉抱至胸前，屈臂墜肘，距胸30公分左右，向上、向左右兩側邊內旋邊弧形分開，左掌隨腳向左前方展出，掌心朝外，左肘尖朝下；右掌外旋弧形向右側展出，掌心朝外，指尖朝右前方；眼神隨視左掌，即轉向前平視。（圖120、圖121）

【要點】同第三十八式右分腳。

第四十一式　轉身左蹬腳

上動不停，左腿屈膝收回，右腳以腳跟為軸向左內扣，腳尖朝西北，身體左轉，面朝西北，隨之左腳向左側（西）蹬出；同時，兩掌向胸前合抱交叉，距胸30公分左右，掌心朝裏，掌指朝上，左掌在外，隨即兩掌內旋向左

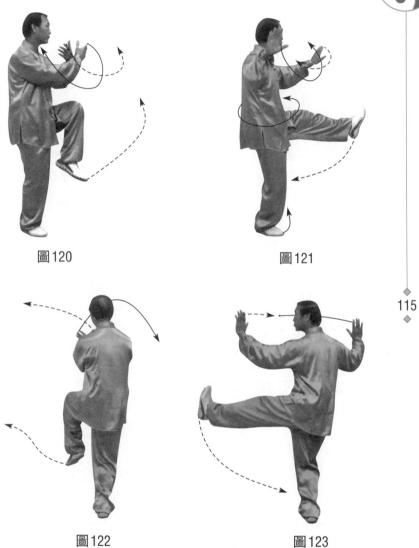

圖120

圖121

圖122

圖123

右兩側弧形分揮，掌心朝外，掌指朝上，略高於肩；眼視
左前方。（圖122、圖123）

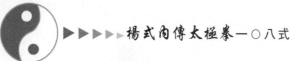

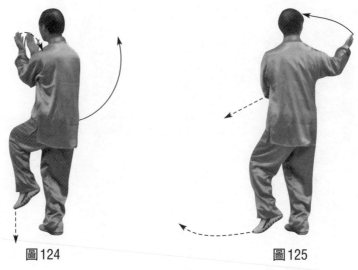

圖124   圖125

【要點】蹬腳與分掌同時，獨立穩固，兩臂垂肘圓撐，蹬腳與胯平即可，不宜過高；左腿須隨轉體收回，腳不可落地，略含胸向前合身，不可後仰，蹬腳以腳跟為力點。

第四十二式　左摟膝拗步

①上動不停，腰微右轉，左腿屈膝收回，左腳提於襠前；同時，雙掌外旋，兩臂垂肘，前臂豎立，左右掌向裏弧形合掩至胸前；眼神先注左掌，後顧右掌。（圖124）

②腰微右轉，右腿屈膝下蹲，左腳下落，前腳掌著地；同時，左掌經右胸前弧形下摟至腹前，掌心朝下；右掌經左胸前弧形向下摟至腹前，隨即外旋向右後上方弧形揮起，掌心朝上；眼隨右掌而視。（圖125）

圖126

圖127

③左腳向左邁一步，腳跟著地，隨即向外碾轉至腳尖朝正西落實，向左轉腰，重心前移至左腿，屈膝前弓，右腿自然伸直，成左弓步；同時，左掌弧形摟至左胯側，掌心朝下，掌指朝前；右臂屈肘回收，右掌經右耳側向前立掌弧形按出，掌心朝前，與胸同高，屈臂、鬆肩、垂肘，領指坐腕；眼隨視右掌，即轉向前平視。（圖126、圖127）

【要點】同第七式左摟膝拗步。

第四十三式　右摟膝拗步

動作和要點與第十式右摟膝拗步相同，唯動作方向相反，參見圖44—圖47。

第四十四式　進步栽捶

①上動不停，向右轉腰，右前腳掌向外碾轉45°，腳尖

圖128   圖129

朝西北，左腳收至右腳內側；同時，左掌隨腰轉向右經面前弧形移至胸前，掌心朝下；右掌外旋翻掌向右上方畫弧，掌心朝上，高與肩平；眼視右手方向。（圖128、圖129）

②左腳向左前方弧形上步，腳跟著地，右腿屈蹲；同時，右掌變拳，右臂屈肘回收，拳心朝左；左掌向左下弧形摟至腹前，掌心朝下；眼視左前方。（圖130）

③腰向左轉，左前腳掌落地，身體重心移至左腿，屈膝前弓，右腿自然伸直，成左弓步；同時，右拳經頭右側由右肩前向前下方直栽至膝前，拳面朝下；左掌心朝下，合扶於右前臂側；眼視右拳栽擊處。（圖131）

【要點】轉身換步輕靈圓活，栽捶要鬆肩，頭頂領，

圖130

圖131

內氣下沉，身體中正，定勢時要收臀圍身。

第四十五式　翻身撇身捶

①上動不停，身體重心後
移，身體右後轉，左腳內扣
45°，重心左移，右腳收至左
腳內側，前腳掌著地；同時，
右臂屈肘，右拳上提至胸前，
拳心朝下；左掌向下經左側弧
形揮起，邊向上、邊內旋隨轉
體舉至頭左上方，隨即橫掌由
頭上向右肘前弧形蓋按，掌心
朝下；眼神先顧左掌，後轉視
右前方。（圖132—圖134）

圖132

圖133

圖134

120

②右腳提起向右前方上步，腳跟先著地，隨即重心移至右腿，屈膝前弓，左腿自然伸直，成右弓步；同時，右拳經左臂內側弧形向上、向右前方反臂劈打，與胸同高，拳心朝上；左掌摟至右肘內側稍下一點，掌心朝下，右臂屈肘沉肩；眼隨視右拳。（圖135）

【要點】同第二十九式翻身撇身捶。

圖135

第四十六式　進步搬攔捶

上動不停，腰向左轉，身體重心移至左腿；同時，右

圖136

圖137

臂內旋、左臂外旋，向左下方弧形搬掛；眼隨視雙手。以下動作和要點與第十四式進步搬攔捶的②、③、④動相同，唯動作方向相反，參見圖49—圖53。

第四十七式　右蹬腳

①上動不停，右拳變掌，左掌從右臂下方向前伸出，兩臂交叉弧形向上掤舉，邊舉邊內旋向左右兩側略分開，兩掌相距20公分，兩臂微屈撐圓；同時，氣沉丹田，重心先右移，左腿斜伸，左腳向外碾轉，重心移至左腿，兩腿屈膝下蹲，隨即兩掌向左右兩側弧形分開，邊分邊外旋畫半圈向裏至腹前圈抱，左掌在裏，右掌在外，兩掌交叉成十字手狀，掌心斜朝裏；眼隨視雙掌。（圖136、圖137）

②左腳蹬地起身，右腿屈膝提起，左腿屈膝獨立；同

圖138　　　　　　　　　圖139

時，兩手十字不變，隨身體直起移至胸前，距胸30公分，與肩同高，屈肘撐圓；眼神注視雙掌前方。（圖138）

③腰微向右轉，右腳以腳跟著力向右側（東南方向）蹬出；同時，雙掌內旋向左右兩側弧形分開，立掌，掌心朝外，指尖朝上，鬆肩垂肘，右掌與右腿上下相對；眼隨視右掌，即轉視右側。（圖139）

【要點】蹬腳分掌時內意同時發放，獨立腿微屈，不可挺直，身體直立中正，收臀，右腳蹬出與胯同高即可。兩臂屈伸撐圓，鬆肩垂肘。

第四十八式　左打虎勢

①上動不停，腰向右轉，右腿屈膝收提；同時，右掌外旋弧形收至右肋前；左掌隨轉腰向上舉於頭左額上，屈

圖140

圖141

肘內圈，掌心斜朝上；眼神先顧右掌，即轉視右側前方。（圖140）

②腰繼續右轉，隨之團身收尾骨，右腳落地，右膝屈蹲；同時，左掌橫掌向右下方採蓋至右脅前，掌心朝下；右掌稍向上抬，指尖朝前，從左掌背上方向右側斜上方弧形穿出，掌心斜朝上，鬆肩垂肘，隨即左掌採蓋至右肘下面；眼隨動作而視。（圖141）

③腰向左轉，左腳向後退一步，身體重心後移；同時，右掌稍向上提隨即

圖142

向內旋扣，形成向上畫半個弧形，隨身體重心後移左轉，雙掌向左下方将，右前腳掌抬起內扣，雙掌向左側捯；眼

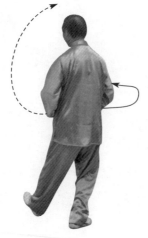

圖143　　　　　　　　　　圖144

隨視雙掌。（圖142）。

④腰繼續左轉，身體轉向西北，重心後移至右腿，左前腳掌抬起；同時，兩掌外旋相靠收至小腹前，掌心朝上，兩臂屈肘；眼神隨視雙掌。（圖143）

⑤兩臂屈肘，兩掌向後收，隨之漸握拳內扣向左右兩側弧形分至肩寬，左拳弧形上抬至頭高，右拳弧形收至右脅前，用拳面向中合擊，左拳心朝外，右拳心朝下；同時，腰向右轉，重心移至左腿，屈膝前弓，右腿自然伸直，成左弓步；眼神隨注左拳，即轉視右前方。（圖144）

【要點】捋手順勢用身帶，轉身捌手勁不斷，鬆肩沉肘頭頂領，兩拳合擊打虎勢，後背撐圓，右拳向左擊，腰向右轉。

圖145

圖146

第四十九式　右打虎勢

①上動不停，腰微向左轉，上體揉一個小圈；同時，兩拳變掌，左掌心斜朝下向前伸，右掌移至左肘內側，掌心斜朝外；目視左掌前方。（圖145）

②身體重心後移至右腿，左腳向內碾扣，身體右轉；同時，雙掌掌心斜朝外弧形向右後方挒捋，隨即兩掌外旋相靠，屈肘前伸，與腹同高，掌心朝上；眼隨視兩掌。（圖146）

③腰繼續右轉，重心後移至左腿，屈膝半蹲，右腳向外碾轉，前腳掌抬起；同時，兩臂屈肘，兩掌向腹前抽回握成拳，拳心朝上；眼隨視右前方。（圖147）

圖147　　　　　　　　　　圖148

④兩拳內扣向左右兩側弧形分至肩寬，右拳弧形向上抬至頭高，左拳弧形收至左脅前，兩臂屈肘，用拳面向身前中間合擊，右拳心朝外，左拳心朝下；同時，腰向左轉，身體重心向前移至右腿，屈膝前弓，左腿自然伸直，成右弓步；眼神隨注右拳，即轉視左前方。（圖148）

【要點】同第四十八式左打虎勢。

第五十式　回身右蹬腳

①上動不停，向左轉體，左腳向外碾轉，腳尖朝東南方，重心移至左腿，右腿斜伸於後，成左弓步；同時，雙拳變掌，左掌弧形向上交叉在右臂外側，內旋變掌心斜朝上方，兩掌弧形向上掤起經頭前上方向左右兩側分開；眼平視左前方。（圖149）

圖149

圖150

②兩腿屈膝下蹲；同時，兩掌繼續向左右兩側弧形分開，邊分邊外旋畫半圈至腹前圈抱，左掌在裏，右掌在外，兩手交叉成十字手狀，掌心斜朝裏；眼隨視雙掌。（圖150）

③左腳蹬地，身體立起，右腿屈膝提起，左腿獨立；同時，雙掌抄起，十字手狀不變，隨身體立起移至胸前，距胸30公分，掌同肩高，兩臂屈肘撐圓；眼視雙掌前方。（圖151）

圖151

④腰微向左轉，右腳跟用力向
右側（東南方）蹬出，與胯同高；
同時，兩掌圈抱向上掤架至頭前上
方，內旋向左右兩側弧形分擊，掌
指朝上，掌心斜朝前，右掌與右腳
上下相對；眼隨動作而視，即轉視
蹬腳前方。（圖152）

【要點】同第四十七式右蹬
腳。

圖152

第五十一式　雙峰貫耳

①上動不停，腰向左轉，右腿
屈膝收提，左腿稍屈膝下蹲，右腳向後撤步；同時，雙掌
外旋變掌心朝上，右掌弧形並與左掌平行；眼隨掌動而
視。（圖153、圖154）

圖153

圖154

②身體右轉，左前腳掌抬起向內
碾扣，腳尖朝東南，重心先移至左
腿，右前腳掌抬起向外碾轉，腳尖
正南，身體轉向正南，重心再前移
至右腿，屈膝前弓，左腿自然伸
直，成右弓步；同時，兩掌隨轉體
弧形向右移動，掌心朝上；眼視正
前方。（圖155）

③重心先後移，右腳尖翹起，重
心再前移至右腿，屈膝前弓，成右
弓步；同時，兩掌弧形收經腹前向

圖155

左右兩側分開，兩掌漸握拳內扣向上、向裏貫擊，拳面相
對，相距20公分左右；目視兩拳。（圖156、圖157）

圖156

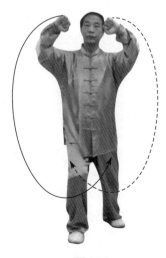

圖157

圖158

【要點】兩掌弧形斜向回收，內含将採勁，化開雙拳貫耳合擊時，沉肩含胸，身體中正，不可前傾，內氣向下沉入丹田。

第五十二式　左蹬腳

動作和要點與第四十七式右蹬腳相同，唯動作左右和站位面向（朝南，提左腳向左側，即東方蹬出）不同。（圖158）

第五十三式　轉身右蹬腳

①上動不停，身體右後轉180°，面朝北，左腳隨轉體向右側扣腳落步，屈膝下蹲；同時，兩掌向下、向裏、向上畫圓至頭前上方，隨即弧形向下至小腹前，兩前臂交叉搭成十字手狀，右掌在外，左掌在裏，雙掌心朝裏，指尖

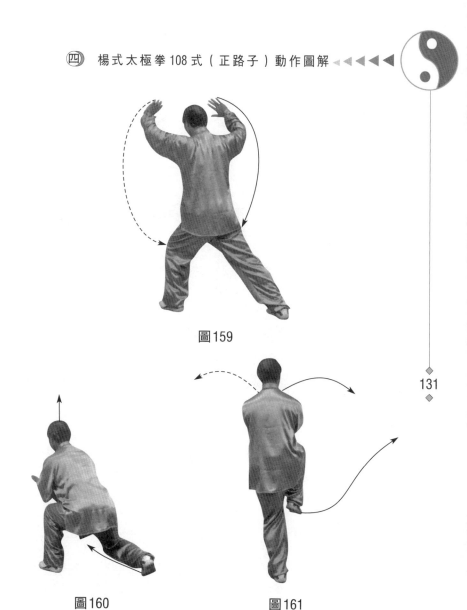

圖159

圖160　　　　　　　　圖161

朝左右兩側；眼視前方。（圖159—圖161）

②左腳蹬地，身體立起微右轉，提起右腳，腳跟用力

圖162

向右側蹬出，與胯同高；同時，雙掌向胸前架起內旋，變掌心朝外弧形向左右兩側分擊，右掌與右腿上下相對；眼轉視右前方。（圖162）

【要點】上下協調，轉身順遂，手腳同時發力，獨立穩固，身不偏不倚，鬆肩垂肘，頭頂領勁，蹬腳時內氣下沉。

第五十四式　進步搬攔捶

①上動不停，腰微向左轉，右腿屈膝回收，右前腳掌落地；同時，右掌隨轉腰向左下方弧形搬掛並隨之握拳；左掌稍下落隨右拳沿順時針方向畫弧至左肩外側，掌同肩高；眼關注右拳。（圖163）

②腰向右轉，右腳向前搬步，腳尖朝東南方；同時，

圖163

圖164

右拳自左下方弧形向右前方反臂劈打，拳面斜朝前上方，拳心朝內，屈臂垂肘；左掌弧形移至左胸前，掌心斜朝前，指尖斜朝上；眼視右拳。（圖164）

以下動作和要點與第十四式進步搬攔捶的動作③、④相同，參見圖51—圖53。

第五十五式　如封似閉

動作和要點與第十五式如封似閉相同，參見圖54—圖57。

第五十六式　十字手

動作和要點與第十六式十字手相同，參見圖58—圖60。

第五十七式　抱虎歸山

動作和要點與第十七式抱虎歸山相同，參見圖61—圖63。

第五十八式　斜攬雀尾

動作和要點與第三式攬雀尾相同，唯動作左右相反，參見圖14—圖21。

第五十九式　斜單鞭

動作和要點與第四式單鞭相同，唯站勢朝斜方向（東南），參見圖22—圖26。

第六十式　右野馬分鬃

①上動不停，腰微向左揉轉，左腳向內碾扣，腳尖朝南，重心移至左腿，左腿屈蹲，右腳向左腳內側提收；同時，右勾變掌逆時針向左下方抄抱至腹前，掌心朝上，指尖朝左；左掌放平順時針方向弧形抱至胸前，掌心朝下，指尖朝右，與肩同高，屈臂垂肘，兩掌上下相對，成抱球狀；眼隨左掌而視。（圖165、圖166）

②腰向右轉，右腳向右側前方弧形邁一大步，腳尖朝西，重心移至右腿，右膝前弓，左腿自然伸直，成右弓步，轉體向西；同時，腰帶右臂向右上（西北方）方弧形揮展，掌心朝上，指尖朝西，高與眉齊；左掌向左後下方弧形採捋至左胯外側，掌心朝下，指尖朝前；眼隨右掌而

圖165

圖166

圖167

視，即轉視右掌前方。（圖167）

　　【要點】分鬆站正方打斜方，臂要屈伸，分之前先要

 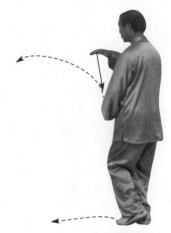

圖168　　　　　　　　　　圖169

圍身收尾閭，分時蹬腿展腰送臂斜分，節節貫串，連貫順暢，內含靠勁和挒勁。勢雖然斜用，身體仍應保持中正，不可偏倚。靠、挒、捋、揮，意勁到位。圓活無滯，動作圓滿，鬆肩領頭，氣沉丹田。

第六十一式　左野馬分鬃

①上動不停，腰向右揉轉，右腳向外碾轉，腳尖朝西北，重心移至右腿，右腿屈蹲，轉體向西北，收提左腳至右腳內側；同時，右掌內旋，掌心朝下，屈肘圈臂，抱於胸前，指尖朝左；左掌外旋由左側弧形抄抱至腹前，掌心朝上，屈臂虛腋，兩掌相對，成抱球狀；眼隨視左掌。（圖168、圖169）

圖170

②腰向左轉，左腳向左側前弧形邁一大步，腳尖朝西，重心移至左腿，左膝前弓，右腿自然伸直，成左弓步；同時，腰帶左臂向左上方（西南）弧形揮展，掌心朝上，指尖朝西，高與眉齊，轉體向西；右掌向右下方弧形採捋至右胯外側，掌心朝下，指尖朝前；眼隨視左掌，即轉視左掌前。（圖170）

【要點】同第六十式右野馬分鬃。

第六十二式　右野馬分鬃

①動作與第六十一式左野馬分鬃中的①動相同，唯動作左右相反，參見圖168。

②動作與第六十式右野馬分鬃中的①②動相同，參見圖166、圖167。

【要點】同第六十式右野馬分鬃。

圖171

圖172

138

第六十三式　攬雀尾

①上動不停，右腳向內碾扣，腳尖朝西南，向左轉體，收提左腳至右腳內側不停不落；同時，右掌內旋，屈臂弧形圈抱於胸前，掌心朝下；左掌外旋，由左向右弧形抄抱至腹前，掌心朝上，屈臂虛腋，兩掌心相對，成抱球狀；眼隨視右掌。（圖171、圖172）（即成面朝西南方向的胸前抱球狀）。

②以下動作和要點與第三式攬雀尾相同，參見圖11—圖21。

第六十四式　左單鞭

動作和要點與第四式單鞭相同，參見圖22—圖26。

圖173

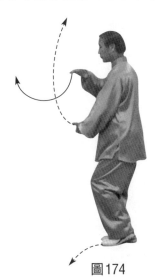

圖174

第六十五式　右玉女穿梭

①上動不停，腰向左轉，重心移至左腿，左腿屈蹲，右腳提至左腳內側；同時，右勾變掌外旋向左側弧形抄抱至腹前，掌心朝上，指尖朝左；左掌心朝下弧形圈抱至胸前，指尖朝右，掌同肩高；眼隨左掌而視。（圖173）

②腰向右轉，右腳向右側弧形搬步，腳尖朝西，重心移至右腿，屈膝半蹲，左腳提至右腳內側；同時，右掌內旋上穿至胸前時變掌心朝外向右畫弧捋挒至右胸前，掌心朝下，與肩同高；左掌外旋向下經左胯外抄抱至腹前，兩掌心相對，成抱球狀；眼隨視右掌。（圖174）

③腰向右微揉轉，左腳向左側弧形上步，腳跟先著

圖175

圖176

140

地，隨之腰向左轉，左前腳掌落地，腳尖朝西南，身體重心向前移至左腿，左膝前弓，右腿自然伸直，成左弓步；同時，左掌內旋順時針向上畫弧掤架至頭左前上方，掌心朝外，指尖朝右上方，左臂圓撐；右肘向後稍拉上移，右掌心朝前，指尖朝上，向前弧形按出，掌同肩高；眼隨視右掌，即轉視前方。（圖175）

【要點】左右捋挒抱球要垂肩墜肘，圓活輕靈，弓步穿梭，轉體要均勻穩當，身體保持中正自然。穿梭掤架，前臂要內旋斜撐，肘要圈圓。

第六十六式　左玉女穿梭

①上動不停，腰向右轉，左前腳掌向內碾扣，腳尖朝北，虛提右腳跟，以腳掌為軸向內碾轉腳跟；同時，左掌稍外旋，掌心朝下，屈肘收抱至胸前，掌同肩高；右掌外

圖177　　　　　　　　　　　　圖178

旋，屈肘收抱至腹前，掌心朝上，兩掌上下相對，成抱球狀；眼隨視雙掌。（圖176）

　　②右腳提收經左腳內側向身後東南方撤步，隨即向右轉體移重心，右腳向外碾轉，腳尖朝東南方，左腳內扣，腳尖朝東方；同時，左肘稍向後拉上移，右掌微內旋上抬，身體重心移至右腿，右膝前弓，左腿自然伸直，成右弓步；隨即右臂逆時針向上畫弧掤架至頭額右前上方，掌心朝外，指尖斜朝左上方，臂屈肘撐圓；左掌向前弧形按出，掌心朝前，指尖朝上，與肩同高，鬆肩垂肘；眼隨動作而視，即轉視左掌前。（圖177、圖178）

　　【要點】左弓步穿梭後向右轉體時，以左腳跟為軸、腳掌向內碾扣，身體重心仍然在左腳上，無須坐重，轉體時均勻穩當，圓活輕靈，身體保持中正自然，向上掤架的

圖179

前臂要內旋斜撐，臂要圈圓。

第六十七式　右玉女穿梭

①上動不停，腰向左轉，右腳向內碾扣，腳尖朝東，左腳虛提腳跟，以前腳掌為軸向內碾轉腳跟；同時，右掌外旋，屈肘收抱至右胸前，掌心朝下，與肩同高，指尖朝左前，垂肘圓臂；左掌外旋，屈肘收抱至腹前，掌心朝上，指尖朝右，兩掌上下相對，成抱球狀；眼轉視雙掌。（圖179）

②以下動作與第六十五式右玉女穿梭中的捌相同，唯方向相反（東北方）。（圖180、圖181）

【要點】同第六十五式右玉女穿梭。

圖180

圖181

143

第六十八式　左玉女穿梭

①上動不停，腰向右
轉，左前腳掌向內碾扣，腳
尖朝南，右腳虛提至左腳內
側；同時，左掌外旋，屈肘
收抱至胸前，掌心朝下，與
肩同高；右掌外旋，屈肘收
抱至腹前，掌心朝上，兩掌
上下相對，成抱球狀；眼隨
視雙掌。（圖182）

②以下動作與第六十六
左玉女穿梭中的②相同，唯

圖182

圖183 圖184

動作方向相反（西北方）。（圖183、圖184）

【要點】同第六十六式左玉女穿梭。

第六十九式　攬雀尾

（1）左　掤

①上動不停，腰向左轉，右腳向內碾扣，腳尖朝西南；同時，左掌外旋，屈肘收抱至腹前，掌心朝上；右掌外旋，屈肘收抱至胸前，掌心朝下，兩掌上下相對，成抱球狀；隨即腰向右微揉轉，重心移至右腿，左腳抽回至右腳內側；右掌向後拉上移，左掌內旋，前臂向上抬平，兩掌前後相對，成抱球狀；眼隨視雙掌。（圖185）。

②腰左轉，隨之左腳向前（正南）弧形邁一步，重心

圖185

圖186

向前移至左腿，屈膝前弓，右腿自然伸直，成左弓步；同時，右掌隨左掌向前弧形掤出，左腕與肩平，肘部稍低於腕，掌心斜朝上，指尖斜朝右；右掌心斜朝前，指尖斜朝上；眼隨視雙掌，即轉向前平視。（圖186）

③以下動作右掤、捋、擠、按，分別與第三式攬雀尾的右掤、捋、擠、按動作相同，參見圖12—圖21。

【要點】同第三式攬雀尾。

第七十式　單　鞭

動作和要點與第四式單鞭相同，參見圖22—圖26。

第七十一式　雲手（一）

動作和要點與第三十三式雲手相同，參見圖102—圖104。

第七十二式 雲手（二）

動作和要點與第三十四式雲手相同，參見圖105、圖106。

第七十三式 雲手（三）

動作和要點與第三十四式雲手相同，參見圖105、圖106。

第七十四式 單 鞭

動作和要點與第三十六式單鞭相同，參見圖107、圖108和第四式單鞭中的④動圖26。

第七十五式 蛇身下勢

①上動不停，腰向右轉，右前腳掌向外碾轉，腳尖朝南，身體重心移至右腿，屈右膝全蹲；左腳向內碾扣斜伸，成仆步，腳尖朝南；同時，右勾手不變，左掌順勢向右側弧形引拎至右肩前，掌心朝外，指尖朝上；眼隨視左掌。（圖187）。

②腰向左揉轉，身體重心前移至左腿；左腳向外碾轉，腳尖斜向東北，左膝屈弓，右腿斜伸於後，右腳內碾45°，成左弓步；同時，左掌指尖朝左，掌心朝外，沿左腿內側經膝從左腳上方向前上方弧形穿出，左掌側立，掌心朝右，指尖朝前上，與肩同高；右臂內旋，勾尖朝上，伸於體後；眼隨視左掌。（圖188、圖189）

圖187

圖188　　　　　　　　圖189

【要點】整體動作幅度較大，前後上下的變化圓滿到位，做到收放自如，轉換圓活。雖有仆腿下勢其動作猶如蛇身，但不失中正。掌穿起臂要沉肩前送，小指向前上領起，腰要塌，勿前傾失重。

圖190

圖191

第七十六式　左金雞獨立

　　上動不停，身體重心完全移至左腿，左腿微屈獨立；提右膝向前上方膝撞，收臀團身；同時，左掌橫掌向下弧形採至左胯前，掌心朝下，指尖朝前；右勾手變掌，掌心朝內隨著右膝提起從右腿外側直掌上穿，指尖朝上，掌心朝左，與鼻同高，右肘屈曲，肘尖下垂，前臂斜立；眼平視右掌前方。（圖190）

　　【要點】上穿掌和提膝協同一致，左掌向下採勁，團身收臀，兩肩務必鬆沉，獨立腿站穩，身體保持中正。

第七十七式　右金雞獨立

　　上動不停，右腳向右側落一小步，腳尖朝東南，身體重心移至右腿，右腿微屈獨立；隨即提左膝向前上方膝

圖192　　　　　　　　圖193

撞，收臀團身；同時，右掌橫掌向下弧形採至右胯前，掌心朝下，指尖朝前；左掌心朝內隨左膝提起從左腿外側直掌上穿，指尖朝上，掌心朝右，與鼻同高，左肘屈曲，肘尖下垂，前臂斜立；眼平視左掌前方。（圖191、圖192）

【要點】同第七十六式左金雞獨立。

第七十八式　左倒攆猴

①上動不停，左掌向前伸推，與肩同高，掌心朝下，指尖朝前；右掌經右後向上弧形撩至肩高，掌心朝下；眼視前方。（圖193）

②隨之團身收尾骨，腰向左轉，左腳向後撤一步，腳尖朝東北，身體重心移至左腿，左腿屈蹲，右前腳掌翹起，腳跟著地，成右虛步；同時，左掌外旋，掌心朝上，

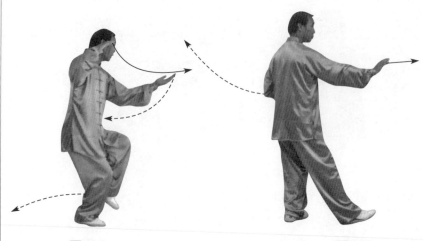

圖194   圖195

垂肘沉肩；右臂屈肘右掌經右耳側從左掌上方向前弧形按出；隨即左掌外旋向回收至肋下；眼視右掌前方。（圖194、圖195）

【要點】同第二十式左倒攆猴。

第七十九式　右倒攆猴

動作和要點與第二十一式右倒攆猴相同，參見圖77—圖79。

第八十式　左倒攆猴

動作和要點與第二十式左倒攆猴相同，參見圖74—圖76。

第八十一式　斜飛勢

動作和要點與第二十三式斜飛勢相同，參見圖80—圖83。

第八十二式　提手上勢

動作和要點與第二十四式提手上勢相同，參見圖84—圖87。

第八十三式　白鶴亮翅

動作和要點與第六式白鶴亮翅相同，參見圖29—圖32。

第八十四式　左摟膝拗步

動作和要點與第七式左摟膝拗步相同，參見圖33—圖37。

第八十五式　海底針

動作和要點與第二十七式海底針相同，參見圖91—圖93。

第八十六式　扇通背

動作和要點與第二十八式扇通背相同，參見圖94。

第八十七式　轉身白蛇吐芯

①上動不停，身體重心移至右腿，右腿屈蹲，左腳向

圖196

圖197

內碾扣，腳尖朝西南，隨之腰向右轉；同時，右掌向下弧形採至腹前，掌心朝下，屈肘圈臂；左掌向上弧形舉至頭上左側，掌心朝前，指朝右上；眼向前平視。（圖196）

②腰向右揉轉，身體重心移至左腿，左腿屈蹲，右前腳掌著地，虛提腳跟向內碾轉，同時，左掌橫掌向右下弧形採至胸前，指尖朝右，掌心朝下，與肩同高，屈肘圈臂；右掌外旋，掌心朝上收至肋側；眼向前平視。（圖197）

③腰先微向右揉再向左轉，隨之提右腳向前方上步，腳尖朝西，身體重心移向右腿，右膝前弓，左腿自然伸直，成右弓步；同時，右掌經左掌背上方向前弧形穿出，指尖朝前，掌心朝上，與肩同高，鬆肩垂肘；左掌稍向下

圖198

蓋壓沉勁收至右肘下面；眼隨視右掌。（圖198）

【要點】左右移重心身體要鬆活，蓋掌時收臀圍腰，弓步吐芯鬆肩垂肘，身體中正，頭有頂領之意。

第八十八式　進步搬攔捶

動作和要點與第十四式進步搬攔捶相同，唯動作方向相反，參見圖49─圖53。

第八十九式　上步攬雀尾

動作和要點與第三十一式上步攬雀尾中的右掤，參見圖98─圖101和第三式攬雀尾中捋、擠、按的動作相同，參見圖15─圖21。

第九十式 單 鞭

動作和要點與第四式單鞭相同,參見圖22—圖26。

第九十一式 雲手(一)

動作和要點與第三十三式雲手(一)相同,參見圖102—圖104。

第九十二式 雲手(二)

動作和要點與第三十四式雲手(二)相同,參見圖105、圖106。

第九十三式 雲手(三)

動作和要點與第三十五式雲手(三)相同,參見圖103、圖104。

第九十四式 單 鞭

動作與第三十六式單鞭中①和第四式單鞭中的④相同。

要點同第四式單鞭,參見圖26。

第九十五式 高探馬帶穿掌

①上動不停,隨之腰向前揉,身體重心向前移至左腿,左腿屈蹲,右腳向前收至左腳內側隨即又向後退回半步,腳尖朝東南,屈膝半蹲,左腳跟提起,前腳掌虛點地;同時,兩臂微收縮隨即又向外伸展,左掌放平;右勾

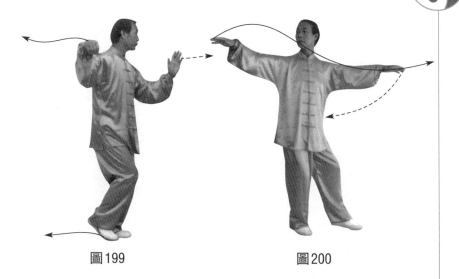

圖199　　　　　　　　　　圖200

手鬆開成掌向右後方弧形畫起，兩
掌與肩同高，掌心均朝下；眼先前
視左掌後轉視右掌。（圖199、圖
200）

　②腰向左揉轉；同時，左掌略
向上畫起，隨即外旋橫掌勾腕弧形
刮摟至腹前，指尖朝右，掌心朝
上；右掌繼續畫弧外旋，屈肘疊臂
經耳側橫掌向前弧形按出，指尖斜
朝左側，掌心斜朝前下，與肩同
高，右臂微屈勿直，沉肩垂肘；眼
隨視右掌。（圖201）

圖201

圖202　　　　　　　　　　圖203

156

　　③腰微左揉，左腳略收提即刻向前邁步，腳尖朝東，隨之重心移至左腿，左膝前弓，右腿自然伸直，成左弓步；同時，左掌指尖朝前經右掌背上方向前上方弧形穿插，左臂屈伸，沉肩垂肘；右掌向胸前弧形來捋，收至左肘下方；眼隨視左掌前方。（圖202、圖203）

　　【要點】高探馬的要點與第三十七式高探馬相同；穿掌的要點與第八十七式白蛇吐芯相同。動作轉換穩固連貫，輕靈悠蕩，手腳合一。

第九十六式　轉身十字腿

　　①上動不停，腰向右轉，左腳向內碾扣，腳尖朝西南，左腿屈蹲，右腳跟提起向內旋，前腳掌碾轉，腳尖朝西，隨之身體轉向正西；同時，左臂隨轉體向右移至胸前，掌心斜朝右下；右掌隨轉體至左肘下，掌心朝下，指

圖204

圖205

尖朝左；眼平視前方。（圖204）

②腰向右揉轉，提起右腳從左向右側外擺；同時，左掌內旋逆時針在身前畫弧，迎擊擺起的右腳面，聽到清脆拍打聲；眼隨視左掌。（圖205）

③屈右膝，提起右腳；同時，兩前臂交叉合抱至胸前，兩掌心朝裏，指尖均斜朝上；眼向前平視。（圖206）

圖206

④團腰收臀，勾右腳尖、以腳跟著力向前蹬出，腿伸

圖207

直，腳與胯根平；同時，兩掌向左右分推，掌心斜朝前，指尖朝上，鬆肩垂肘，屈曲伸展；眼向前平視。（圖207）

【要點】十字腿擺腳時以髖關節為圓點，上體無轉動，獨立腿屈膝站穩，身不可挺直，保持中正，無前俯後仰左右倚斜之病，擺腳要快，乾淨俐落。分推時鬆肩領頭，不可縮頸端肩。

第九十七式　進步指襠捶

①上動不停，向左轉體，右腿屈膝回收，右腳虛點於地；同時，兩臂屈肘外旋前臂豎立向胸前弧形掩合，掌心朝臉，指尖朝上；眼隨視雙掌。（圖208）

②腰微向左轉；同時，左掌外旋向下經腹前、左胯外

圖208

圖209

向左上弧形舉至側頭後方，與眉同高；右掌經左前弧形掩
摟至左肋前，掌心朝下；眼視左掌。（圖209）

圖210

圖211

160

③腰向右轉，右腳向前弧形
邁一步，腳尖朝西，腳跟先著
地，腳尖翹起，身體重心移至右
腿，右膝屈弓，左腿斜伸於後，
成右弓步；同時，左掌經左耳側
向前弧形按出，掌心朝前，指尖
朝上，與肩同高；右掌向右經小
腹弧形摟至右胯前，掌心朝下，
指尖朝前；眼視左掌前方。（圖
210、圖211）

圖212

④腰向右轉，右腳向外碾
地，腳尖朝西北，提收左腳至右腳內側虛點於地；同時，
右掌外旋經右胯旁向右後上方畫弧至肩高時握拳，拳心朝

圖213　　　　　　　　　　　圖214

上；左掌由前向右弧形掩摟至腹右側，掌心朝下，指尖朝右，左臂屈曲，垂肘鬆肩；眼隨視右拳。（圖212）

　　⑤隨即腰向左轉，左腳向前（正西）弧形邁一大步，腳跟先著地，身體重心移至左腿，前腳掌再落地，腳尖朝西，左膝前弓；右腳隨之向內碾扣，腳尖朝西北，右腿自然伸直，成左弓步；同時，左掌向下摟至腹前約40公分，掌心朝下；右拳經右耳側向前下至襠高時以拳背著力，沉肘抖腕撩擊，拳背朝上，與肘齊平，沉肩、塌腰、領頭；左掌扶於右前臂上；眼隨視右拳。（圖213、圖214）

　　【要點】屈左膝向下沉身、向左轉腰，身體保持中正，不可左右倚斜、前俯後仰。轉體摟膝要圓轉輕靈，指襠捶用拳背挑腕撩擊，不直打，鬆肩沉肘，塌腰領頭，氣沉丹田，輕靈圓活，連綿不斷，內外一致。

第九十八式　上步攬雀尾

動作和要點與第三十一式上步攬雀尾中①動和第三式攬雀尾中捋、擠、按動作相同，參見圖15—圖21。

第九十九式　單　鞭

動作和要點與第四式單鞭相同，參見圖22—圖26。

第一〇〇式　蛇身下勢

動作和要點與第七十五式蛇身下勢相同，參見圖187、圖188。

第一〇一式　上步七星

上動不停，腰向左轉，左腳向外碾轉，腳尖朝東北；提右腳經左踝內側向前邁出半步，前腳掌虛點地，成右虛步；同時，左掌內旋，掌心斜朝下；右勾手變拳，隨右腳上步向前經腰側從左腕下穿出，拳眼朝左前，左掌上右拳下；眼隨視兩手。（圖215、圖216）

【要點】由下勢過渡為右虛步時，身體保持中正，鬆腰鬆胯，不可僵硬，沉肩墜肘，頭向上領。

第一〇二式　退步跨虎

①上動不停，腰向右轉，右腳向後經右外側向左腳後方弧形退步，隨之向右轉體，右腳向外碾轉，腳尖斜向西南；左腳向內碾扣，邊轉體邊移重心至右腿，右膝屈弓；同時，兩手交叉不變，隨身體轉向面朝南；眼隨視雙手。

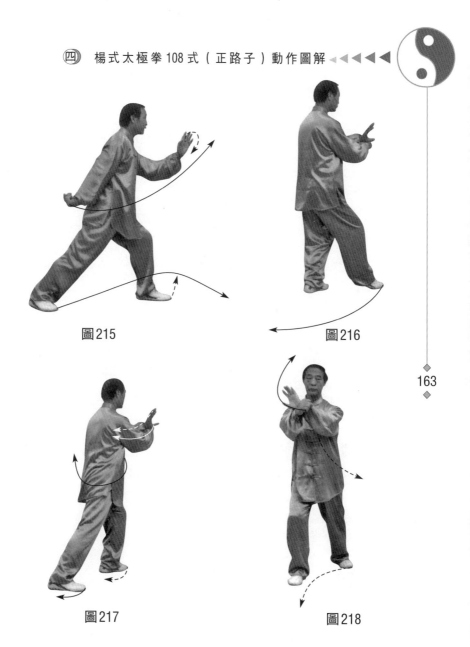

圖215

圖216

圖217

圖218

（圖217、圖218）

②腰向左揉轉，提左腳向右腳前上半步，前腳掌虛點

圖219

164

地，成左虛步；同時，右拳變掌，兩掌向左右弧形分開，左掌向下經小腹弧形移至左胯旁，掌心朝下，指尖朝前；右掌向右上方弧形分至頭右上方，掌心斜朝前，兩臂屈肘內圈；眼轉視左側前方。（圖219）

【要點】退步時左腳站穩，不可左右搖晃，要保持上體中正；左腳上步站成小三角形虛步。兩掌分開不要太散，要緊湊適中，含胸收臀，內旋前臂，兩掌協同向外發放。

第一○三式　轉身擺蓮

①上動不停，向右後方轉體面朝東北；左腳以前腳掌為軸、右腳以腳跟為軸向右後方碾轉；隨即左腳向東北方上步，身體重心移至左腿，左膝前弓，右腿斜伸於後；同時，右掌向右下經脅外旋從左掌背上方向前上方穿掌，掌

圖220

圖221

心朝上，沉肩垂肘，臂屈伸；左掌隨轉體從左胯旁向上經臉前向右胸前畫弧圈攔收至右肘下方，掌心朝下，指尖朝右；眼神隨視右掌。（圖220）

②腰向右揉轉，右腳向左上方弧形踢起向右側外擺；同時，右掌內旋變掌心朝下，雙掌從右往左弧形迎拍右腳面外側；眼觀拍擊處。（圖221）

【要點】轉身、上步、穿掌要快捷，轉體輕靈穩固，身體中正。腿外擺時高不過肩，腰胯鬆活，支撐腿略屈勿挺直，獨立腿站穩，擊拍清脆響亮。

第一○四式　彎弓射虎

上動不停，腰向右轉，右腳向右後方落步，腳尖朝東南，隨之重心移至右腿，右腿屈蹲，左腳內扣，左腿斜伸

圖222

圖223

於後；同時，雙掌逆時針向上畫一小立圈，隨即向右下捋，經腹前繼續向右後上方弧形蕩起至肩高，雙掌邊蕩邊握拳；腰向左揉轉，帶動雙拳向右上左前弧形蕩擊，右拳翻腕在上，與右額同高，左拳在右拳前下，與胸平，兩拳眼斜對，拳面朝左前，屈臂垂肘；眼先隨視雙手後轉視左前方。（圖222—圖224）

【要點】步法輕靈，腰要揉活，不可僵硬。雙掌捋採用腰帶臂，要有整體勁，不可輕浮，頭領起，氣下沉，兩臂悠蕩內含粘勁不懈，身體保持中正。

圖224

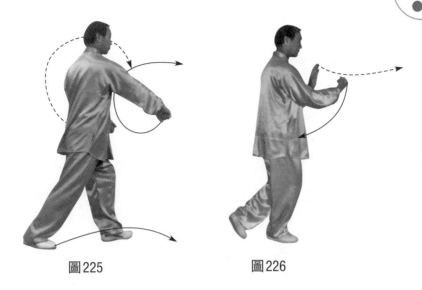

圖225　　　　　　圖226

第一○五式　進步搬攔捶

①上動不停，腰向左揉轉，身體重心移至左腿，左前腳掌向外碾轉，腳尖朝東北，左膝屈弓，右腳向內碾扣，腳尖朝東；同時，左拳變掌外旋，掌心對著右拳，兩手向左下方弧形搬掛；眼視右前方。（圖225）

②腰向左轉，提收右腳向前弧形搬步，腳尖朝東南；重心前移至右腿，右腿屈蹲，左腳跟抬起；同時，右拳經左側向上、向前弧形搬打，拳面朝上，拳背朝前；左掌經左胯外向上弧形移至左肩前，掌心朝前；眼隨視雙手，即轉視前方。（圖226）

③以下動作和要點與第十四式進步搬攔捶中的③④動

相同，參見圖51—圖53。

第一〇六式　如封似閉

動作和要點與第十五式如封似閉相同，參見圖54—圖57。

第一〇七式　十字手

動作和要點與第十六式十字手相同，參見圖58—圖60。

第一〇八式　合太極

上動不停，內氣向下回歸丹田；兩掌內旋向前伸平分開，與肩同寬、同高，沉肘鬆肩，兩掌自然向下按落至兩腿外側，指尖朝前，鬆腕放直，垂於體側；隨之身體重心移至右腳，收左腳併於右腳內側；神意守住丹田片刻，待內氣平穩後起目平視，收勢完畢。（圖227—圖230）

【要點】拳勢有始有終，太極有開有合，開為動起，合為靜收。起勢認真，收勢也不可忽視，收勢須以心神穩內氣，令氣穩於丹田，待守片刻。收勢是太極拳運動中一個重要程序，不可草草了之。所謂「一氣呵成」，即指從起勢內氣動始一直到收勢，使內氣再回歸丹田這一全過程。

圖 227

圖 228

圖 229

圖 230

太極拳古譜、傳承簡譜 與古典拳論解讀

（一）武當太極拳與《宋氏家傳太極功 源流支派論》

宗師張文炳先生得自楊少侯先生從楊班侯先生傳下的《宋氏家傳太極功源流支派論》拳譜一本。此譜是明代宋遠橋記述其先祖學太極拳的情況，譜中對太極拳從南北朝到明朝的歷史沿革傳承有較詳盡的記載。今將此譜錄之於後，以供習者研學。

《宋氏家傳太極功源流支派論》宋遠橋緒記

所為後代學者，不失其根本也。自余而上溯，始得太極之功者，授業於唐・于歡子・許宣平也；至余十四代也，有斷者亦有繼耳。

許先師，係江南徽州府歙縣人也。隱城陽山（即今翠微山），即本府在城南紫陽山。結廬南陽避谷。身長七尺六寸，鬚長至臍，髮長至足，行及奔馬。每負薪賣於市中，獨吟曰：「負薪朝出賣，沽酒日夕歸，借問家何處，穿雲入翠微。」李白訪之不遇，題詩望仙橋而回。所傳太

極之功，拳名「三十七」。因三十七而名之；又名「長拳」者，所云滔滔無間也。總名「太極拳三十七式」，名目書之於後。

四正，四隅，雲手，彎弓射雁，揮琵琶，進搬攔，簸箕勢，鳳凰展翅，雀起尾，單鞭，上提手，倒攆猴頭，摟膝拗步，肘下捶，轉身蹬腳，上步栽捶，斜飛勢，雙鞭，翻身搬攔，玉女穿梭，七星八步，高探馬，單擺蓮，上跨虎，九宮步，攬雀尾，閃通背，海底珍珠，彈指，擺蓮轉身，指點捶，雙擺蓮，金雞獨立，泰山生氣，野馬分鬃，如封似閉，左右分腳，掛樹踢腳，推碾，二起腳，抱虎歸山（又名豹虎推山），十字擺蓮。

以上「四十二」手，四正、四隅、九宮步、七星八步、雙鞭、雙擺蓮在外，其餘三十七數，是先師之所傳也。此勢應一勢練成，再練一勢，萬不可心急齊用。勢勢均單獨練成，三十七勢亦無論何勢先何勢後，只要一一將勢用成，自然三十七勢皆化為相繼也，故謂之曰「長拳」。腳踏五行，懷藏八卦。腳之所在，為中央之「土」，則可定乾南、坤北、離東、坎西；掤、捋、擠、按四正也；採、挒、肘、靠四隅也。

八字歌

掤捋擠按世間稀，十個藝人十不知。
若能輕靈並捷便，粘連黏隨俱無疑。
採挒肘靠更出奇，行之不用費心思。
果能粘連黏隨字，得其環中不支離。

三十七心會論

腰脊為第一之主宰，猴頭為第二之主宰，
地心為第三之主宰，丹田為第一之賓輔，
掌指為第二之賓輔，足掌為第三之賓輔。

三十七周身大用論

一要性心與意靜，自然無處不輕靈。
二要遍體氣流行，一定繼續不能停。
三要猴頭永不拋，問盡天下眾英豪。
如詢大用緣何得，表裡精粗無不到。

十六關要論

蹬之於足，行之於腿，縱之於膝，活潑於腰，靈通於
背，神貫於頂，流行於氣，運之於掌，通之於指，斂之於
髓，達之於神，凝之於耳，息之於鼻，呼吸往來於口，渾
噩於身，全身發之於毛。

工用歌（注：「工」者，即「功」也）

輕靈活潑求懂勁，陰陽既濟無滯病。
若得四兩撥千斤，開合鼓蕩主宰定。

俞氏太極功，俞蓮舟，江南寧國府涇縣人（今安徽涇
縣）。俞氏太極功，名曰「先天拳」，亦曰「長拳」，得
唐・李道子所傳。道子，係江南安慶人（今安徽潛山
縣）。至宋時，與遊酢（北宋學者）莫逆。至明時，李道

子嘗居五當山（即武當山）南岩宮，不火食，第啖麥麩數合，故人名之曰「麩子李」也。見人不及他語，唯云：「大造化」三字。

然云唐人，何以知之明時之「夫子李」即是李道子之師也？緣予上祖遊江南涇縣，訪俞家方知「先天拳」亦如予之「三十七式」，太極之別名也。而又知俞氏太極功是唐時李道子所傳也，俞家代代相承之功，每歲往拜李道子之廬，至宋時尚在也。越代不知李道子所往也。

至明時，予同俞蓮舟遊源廣襄陽府，到均州武當山。夫子李見之叫曰：「徒再孫焉往？」蓮舟抬頭一看，斯人面污垢，頭厚髮，不知何如參天地味臭。蓮舟心怒曰：「耳言之太過也，吾觀汝一掌必死爾！去罷。」夫子李云：「徒再孫我看看你這手。」蓮舟上前進步掤連捶，未依身則已於丈外許，落下未壞折筋骨。蓮舟曰：「你總用過功夫，不然能我者鮮矣！」夫子李云：「你與俞清慧，俞一誠相識否？」蓮舟聞之悚然，此皆予上祖之名也，急跪曰：「原來是我之先祖師至也。」夫子李曰：「吾在此幾十韶光未語，今見你誠哉！大造化，授你如此如此。」蓮舟自此不但無敵，而後亦得「全體大用」矣。予（即宋遠橋）與俞蓮舟、俞岱岩、張松溪、張翠山、殷利亨、莫谷聲，久相往來金陵之境。

夫子李先師授俞蓮舟「秘歌」云：

無形無象，全體透空。應物自然，西山懸磬。

虎吼猿鳴，水清河靜，翻江播海，盡性立命（此「歌」予七人皆知其句）。

後，予七人再往拜武當山夫子李先師，未遇。道經

「玉虛宮」在太和山元高之地，見玉虛子張三丰也。三丰為張松溪、張翠山師也，身躍七尺有餘，美髯如戟，寒暑一箬笠，日能千里遠，自洪武初至太和山修煉。餘七人共拜之，耳提面命，月餘而歸，自此不絕。其往拜玉虛子所傳，唯張松溪、張翠山拳名「十三勢」，亦太極功之別名也，又名「長拳」。

十三勢名目並論說列之於後：

張三丰《太極拳論》

一舉動（舉動者，初立意之先，而欲形於外也）。

周身俱要輕靈（既形之於外，則全須明捷便輕靈，以包乎全體為妙）。

尤須貫串（仍然得聯絡，不得散亂無措）。

氣宜鼓蕩（氣者，呼吸之氣也，以其助全身發於意，鼓蕩者，氣之出入也）。

神宜內斂（神者，一身之主也，身主不得動搖，必須安然內聚）。

無使有缺陷處（意之所發必形於外、發於內，必須貫串，不得力之至者乃缺陷也）。

無使有凸凹處（凸者，高也；凹者，低也。神與氣，無使有高下）。

無使有斷續處（斷，截也；續，續也。神氣之所貫，無使其既斷且續）。

其根在腳（腳，脛也；欲求其根，則在於脛）。

發於腿（腿，脛也，股後肉也，由腳發於腿，取其傳導漸上之意也）。

主宰於腰（腰身之中心，佔大也。中心正，則周身勁之歸於此）。

形於手指（指者，周身筋之機關。每候動，必由此而形焉）。

由腳而腿而腰，總須完整一氣（腰、腿、腳之筋，其機關相連。倘不完整，氣則缺陷、凸凹、斷續之病也）。

向前退後，乃得機得勢，有不得機得勢處，身便散亂，其病必於腰腿求之。

上下、前後、左右皆然。凡此皆是意，不在外面。有上即有下，有左即有右。如意要向上，即寓下意，若將物掀起而加以挫之之力，斯其根自斷，乃壞之速而無疑。

虛實宜分清楚，一處自有一處虛實，處處總此一虛實。周身節節貫串，勿令絲毫間斷！

長拳者，如長江大海，滔滔不絕也。十三勢者，掤、捋、擠、按、採、挒、肘、靠，此八卦也；進步、退步、左顧、右盼、中定，此五行也。掤、捋、擠、按，即乾、坤、坎、離四正方也。採、挒、肘、靠，即巽、震、兌、艮四斜角也。進、退、顧、盼、定，即火、水、木、金、土也。

山右王宗岳《太極拳論》

太極者，無極而生，動靜之機，陰陽之母也。動之則分，靜之則合。無過不及，隨曲就伸，人剛我柔謂之走，我順人背謂之黏。動急則急應，動緩則緩隨。雖變化萬端，而理唯一貫。由著熟而漸悟懂勁，由懂勁而階及神明。然非用力之久，不能豁然貫通焉！

虛領頂勁，氣沉丹田，不偏不倚，忽隱忽現。左重則左虛，右重則右杳。仰之則彌高，俯之則彌深。進之則愈長，退之則愈促。一羽不能加，蠅蟲不能落。人不知我，我獨知人，英雄所向無敵，蓋皆由此而及也！

斯技旁門甚多，雖勢有區別，概不外壯欺弱、慢讓快耳！有力打無力，手慢讓手快，是皆先天自然之能，非關學力而有為也！察「四兩撥千斤」之句，顯非力勝；觀耄耋能御眾之形，快何能為。

立如平準，活似車輪。偏沉則隨，雙重則滯。每見數年純功，不能運化者，率皆自為人制，雙重之病未悟耳！

欲避此病，須知陰陽：黏即是走，走即是黏；陰不離陽，陽不離陰；陰陽相濟，方為懂勁。懂勁後愈練愈精，默識揣摩，漸至從心所欲。

本是捨己從人，多誤捨近求遠。所謂「差之毫釐，謬之千里」，學者不可不詳辨焉！是為論。

此論句句切要，決斷在心，並無一字敷衍陪襯，非有夙慧不能悟也。先師不可妄傳，非獨擇人，亦恐枉費工夫耳。

王宗岳《十三勢歌》

十三總勢莫輕視，命意源頭在腰隙。
變轉虛實須留意，氣遍身軀不稍滯。
靜中觸動動猶靜，因敵變化示神奇。
勢勢存心揆用意，得來不覺費工夫。
刻刻留心在腰間，腹內鬆靜氣騰然。
尾閭中正神貫頂，滿身輕利頂頭懸。

仔細留心向推求，屈伸開合聽自由。

入門引路須口授，功夫無息法自修。

若言體用何為準，意氣君來骨肉臣。

詳推用意終何在，益壽延年不老春。

十三勢行功心解

以心行氣，務令沉著，乃能收斂入骨。以氣運身，務令順遂，乃能便利從心。

精神能提得起，則無遲重之虞，所謂「頂頭懸」也。

意氣須換得靈，乃有圓活之趣，所謂「變動虛實」也。

發勁須沉著鬆淨，專注一方。立身須中正安舒，支撐八面。

行氣如九曲珠，無微不利（氣遍身軀之謂也）。運勁如百煉鋼，何堅不摧？

形如搏兔之鶻，神如捕鼠之貓。靜如山岳，動若江河。蓄勁如開弓，發勁如放箭。曲中求直，蓄而後發。力由脊發，步隨身換。收即是放，放即是收，斷而復連。

往復須有折疊，進退須有轉換。極柔軟，然後極堅剛；能呼吸，然後能靈活。氣以直養而無害，勁以曲蓄而有餘。

心為令，氣為旗，腰為纛，先求開展，後求緊湊，乃可臻於縝密矣！

又曰：先在心，後在身。腹鬆淨，氣斂入骨。神舒體靜，刻刻在心。切記一動無有不動，一靜無有不靜。牽動往來氣貼背，斂入脊骨。內固精神，外示安逸。邁步如貓

行，運勁如抽絲。全身意在精神，不在氣，在氣則滯。有氣者無力，無氣者純剛。氣如車輪，腰似車軸。

王宗岳《打手歌》

掤捋擠按須認真，上下相隨人難進。
任他巨力來打我，牽動四兩撥千斤。
引進落空合即出，粘連黏隨不丟頂。
又曰：
被打欲跌須雀躍，巧擠逃時要合身。
拔背含胸含太極，裏襠護肫踩五行。
學者悟透其中意，一身妙法豁然能。
又曰：

彼不動，己不動，彼微動，己先動，勁似鬆非鬆，將展未展，勁斷意不斷，動轉挪移走。

張三丰傳《十三勢名目》

攬雀尾，單鞭，提手上勢，白鵝晾翅，摟膝拗步，手揮琵琶，進步搬攔捶，如封似閉，抱虎推山，攬雀尾，肘底看拳，倒攆猴，斜飛勢，提手上勢，白鵝晾翅，摟膝拗步，海底針，閃通背，搬攔捶，退步搬攔捶，上步攬雀尾，單鞭，雲手，高探馬，左右分腳，轉身蹬腳，進步栽捶，翻身撇身捶，存身二起腳，披身踢腳，轉身蹬腳，上步搬攔捶，如封似閉，抱虎推山，斜單鞭，野馬分鬃，上勢攬雀尾，單鞭，玉女穿梭，單鞭，雲手，單鞭下勢，金雞獨立，倒攆猴，斜飛勢，提手上勢，白鵝晾翅，摟膝拗步，海底針，閃通背，撇身捶，上步搬攔捶，上勢攬雀

尾，單鞭，雲手，高探馬，十字擺蓮腿，摟膝指襠捶，上勢攬雀尾，單鞭下勢，上步七星，下步跨虎，轉身擺蓮腳，彎弓射虎，上勢攬雀尾，合太極。

程靈洗先生《小九天法》

程靈洗，字元滌，江南徽州府休寧人。授業韓拱月，太極之功用大矣；景侯之亂，唯歙縣能保全，皆靈洗之力也。梁元帝，以本郡太守，卒諡「忠壯」。至程珌，珌為紹興中進士，授昌化主薄，累官權吏部尚書，拜翰林學士。立朝綱正，風彩凜然；晉封新安郡侯，以端明殿學士致仕。

珌居家，常平以濟人，凡有利眾者，必盡心焉。所著有《酩餾》。珌將太極功拳，立一名為「小九天」。雖？遺名「小九天」書，韓傳者，不敢忘先師之所授也。

《小九天法式》

七星八步，開天門，什錦背，提手，臥虎跳澗，單鞭，射雁，穿梭，白鶴升空，大襠捶，小襠捶，葉裡花，猴頂雲，攬雀尾，八方掌。

以上十五勢皆韓先師所傳，其用功之要則在超以象外，得其寰中，人不知我，我獨知人，至甚要訣，則有用功五志，四性歸原歌等。

《觀經悟會法》

太極者，非純功於《易經》不能得也。以《易經》一書，必須朝夕悟在心中，超以象外，得其寰中；人所不知，而己獨知之妙。若非得師一點心法之傳，任何能致使我手之舞之，樂在其中矣。

179

《用功五志》

博學，是多功夫；審問，不是口問，是心問；慎思，聽而後，留心想念；明辯，生生不已；篤行，如天行健。

《四性歸原歌》

世人不知己之性，何能得知人之性。

物性亦如人之性，至如天地亦此性。

我賴天地以存身，天地賴我以致局。

若能先求知我性，天地授我偏獨靈。

宋仲殊《後天法》

胡鏡子，在揚州自稱之名，不知姓氏。此是宋仲殊之師也。仲殊，安州人。嘗遊姑蘇臺，柱上留書一「絕」云：「天長地久任悠悠，你既無心我亦休。浪跡天涯人不管，春風吹笛酒家樓。」

仲殊所傳殷利亨太極拳，名曰「後天法」。亦是掤、捋、擠、按、採、挒、肘、靠也。然而，式法名目不同，其功用則一也，如一家人分居，各有所為也，其根本非兩事也。

《後天法目》

陽肘、陰肘、遮陰肘、晾陽肘、肘裡槍、肘開花、八方捶、陰五掌、陽五掌、單鞭肘、雙鞭肘、臥虎肘、雲飛肘、研磨肘、閃通肘、兩膝肘、一膝肘。

以上太極功各家名目，因予身臨其境，並得其良友往來相助，皆非作技藝觀者人也。一家人，恐其久而差矣，故筆之於書以授後人；玩索而有得焉，則終身用之，有不能盡者矣。其餘太極功，再有別名，別目者，吾不知之也，待後人有遇者，記之可也。

且記，無論何等名目拳法，唯「太極」則不能兩說也。若「太極」說有不同，斷乎不一家也。卻無論功夫高低上下，一家人並無兩家話也。

　　自上之先師，而上溯其根源，東方先生再上，而溯始孟子，當列國紛紛，固將「立命」之功，所謂「養吾浩然之氣」，塞於天地之間。欲大成者，則化功也；小成者，武事也。「立命」之道，非氣體之充才能也。由「立命」之「盡性」，至於窮神達化。自天子至於庶人，何莫非誠意，正心。修身始也。

　　書及此，後世萬不可輕洩傳人。若謂不傳人，當年先師何以傳至於予家也？卻無論遠親近朋自家，傳者賢也。尊先師之命不敢妄傳，後輩如傳人之時，必須想予「緒記」之心血，與先師之訓誨而已。

　　（注：原譜中有《十不傳》記載，此處省略）

　　四大忌：忌飲過量之酒；忌不正之色；忌取不義之財；忌動不合中之氣。

　　用功三小忌：食吃多，水飲多，睡時多。

　　以上是《宋氏家傳太極功源流支派論》全文內容，今全盤托出，一為愛好者習之，二為避免誤傳是為筆者初衷。

（二）武當太極拳歷史上的集大成者
——張三丰

1.《明史‧方伎傳》關於張三丰的記載

　　張三丰，遼東懿州人，名金一，一名君實，三丰其號

也。以其不修邊幅，又號張邋遢。頎而偉，龜形鶴背，大耳圓目，鬚髯如戟。寒暑唯一衲一蓑，所啖，升斗輒盡，或數日一食，或數月不食。書經目不忘。遊處無恆，或云一日千里。善嬉諧，旁若無人。嘗遊武當諸岩壑，語人曰：「此山異，日必大興。」時五龍、南岩、紫霄俱毀於兵。三丰與其徒去荊榛瓦礫，創草廬居之，已而捨去，太祖故聞其名，洪武二十四年，遣使覓之不得。後居寶雞之金臺觀。一日，自言當死，留頌而逝，縣人具棺殮之。及葬，聞棺內有聲，啟視則復活，乃遊四川，見蜀獻王。復入武當歷襄、漢，蹤跡益奇幻。永樂中，成祖遣給事中胡瀅偕內侍朱祥，威璽書、香幣往訪，遍歷荒徼，積數年不遇。乃命工部侍郎郭　、隆平侯張信等，督丁夫三十萬人，大營武當宮觀，費以百萬計。既成，賜名「太和太岳山」設官鑄印以守，竟符三丰言。

或言三丰金時人，元初與劉秉忠同師，後學道於鹿邑太清宮，然皆不可考。天順三年，英宗賜誥，贈為通微顯化真人，終莫測其存亡也。

2. 張三丰外傳

宋，三丰祖師，姓張，名通，字君實，又名全一，三丰其號也。原籍江西龍虎山，本張天師之裔。南宋末，由其祖父徒居遼東懿州（今遼陽）。理宗丁未夏（1247年）四月初九日子時生，祖師落生後，豐神奇異，龜形鶴骨，大耳圓睛。五歲時因染異疾，經遼陽遷山碧落宮道人張雲庵收為徒。靜居數載，異疾漸愈。教以道經，過目成誦。遂授之以文，博覽群書，經史百家，無所不通。繼授之以

武，專精少林。幾經寒暑，不僅文武皆成。而年已達成人。令其還俗回家，適值其母去世。三丰非常哀痛，守墓三載以盡孝道。服滿出仕，曾充中山博陵令，政暇時訪葛仙翁，遂發出世之念。棄官雲遊。

　　過陳倉見寶雞幽邃，乃就而隱焉。因山中有三峰，乃號三丰居士。居於寶雞之金臺觀。金臺觀係邑人楊軌三創建於元末。三丰居此聲名大振。更受軌三所看重，據傳說，這時三丰祖師不僅在金臺觀修真，而且有時出外雲遊。久慕武當勝地，乃遂走訪（此乃三丰一上武當山）。在武當山，見武當蘊太和之氣，將來定要興旺（其言果驗，明永樂年間大興土木，宏偉建築）。

　　元之延　元年（1314年），時年六十七歲，入終南山與火龍真人相遇，傳以大道，更名玄素，又名玄化，合號玄玄子。仍回寶雞金臺觀。至正十九年（1359年）九月二十日羽化。由楊軌三為其裝殮，棺後復生（道家謂之陽神出遊），棺內遺有雲履一雙，不辭而去。據云，除雲履外還遺道冠一頂，壓髮木簪一付，青玉玉牒一枚，均存於金臺觀。依然各處雲遊，重訪武當隱焉，時在明永樂十一年（1413年）左右，武當宏偉建築已經全部完成，三丰祖師住於皇經堂之清微宮（此即三丰二上武當山也）。復得太和真武之道，並悟通白雲上人之書訣，乃將少林翻為內家。總觀之由宋到元末明初，歷經三朝已數百年矣。待至洪武十七年（1384年），太祖詔求，拒而不赴，各處雲遊，時隱時現，仍有見之者，雖無可考，但亦未聞其死，人乎？仙乎？令人莫測。

　　注：遼陽遷山碧落宮，寶雞金臺觀，武當清微宮，三

處古蹟尚存，均可參考，對於有無張三丰其人其事，自然明瞭矣。

3.《學太極拳須斂神聚氣論》

選自《東方修道文庫》的「張三丰太極煉丹妙訣」。

太極之先，本為無極。鴻濛一炁渾然不分，故無極為太極之母，即萬物先天之機也。二炁分，天地判，始成太極。二炁為陰靜陽動，陰息陽生。天地分清濁，清浮濁沉，清高濁卑。陰陽相交，清濁相媾，氤氳化生，始育萬物。

人之生世，本有一無極，先天之機是也。迨人後天，即成太極。故萬物莫不有無極，亦莫不有太極也。人之作用，有動必有靜，靜極必動，動靜相因，而陰陽分，渾然一太極也。人之生機，全恃神氣。氣清上浮，無異上天。神凝內斂，無異下地。神氣相交，亦宛然一太極也。故傳我太極拳法，即須先明太極妙道，若不明此，非吾徒也。

太極拳者，其靜如動，其動如靜。動靜循環，相連不斷，則二炁既交，而太極之象成。內斂其神。外聚其氣。拳未到而意先到，拳不到而意亦到。意者，神之使也。神氣既媾，而太極之位定。其象既成，其位既定，氤氳化生，而演為七二之數。

太極拳總勢十有三：掤、挒、擠、按、採、挒、肘、靠、進步、退步、右顧、左盼、中定，按八卦、五行之生剋也。其虛靈、合拔、鬆腰、定虛實、沉墜、用意不用力、上下相隨、內外相合、相連不斷、動中求靜，此太極拳之十要，學者之不二法門也。

學太極拳為入道之基，入道以養心定性，聚氣斂神為主。故習此拳，亦須如此。若心不能安，性即擾之。氣不外聚，神必亂之。心性不相接，神氣不相交，則全身之四體百脈，莫不盡死。雖依勢作用，法無效也。欲求安心定性，斂神聚氣，則打坐之舉不可缺，而行動之法不可廢矣。學者須於動靜之中尋太極之益，於八卦、五行之中求生剋之理。然後混七二之數，渾然成無極。心性神氣，相隨作用，則心安性定，神斂氣聚，一身中之太極成，陰陽交，動靜合，全身之四體百脈周流通暢，不黏不滯，斯可以傳吾法矣。

注：張三丰此論文中，將練太極拳納入學道之基礎。並指出：「欲得太極拳之神髓，必先明太極妙道；而學太極拳，則又為入道之基。」

185

4.《太極行功說》張三丰

太極行功，功在調和陰陽，交合神氣，打坐即為第一步下手功夫。行功之先，猶應治臟，使內臟清虛，不著渣滓，則神斂氣聚，其息自調。

進而吐納，使陰陽交感，渾然成為太極之象，然後再行運各處功夫。

冥心兀坐，息思慮，絕情欲，保守真元，此心功也。

盤膝曲股，足跟緊抵命門，以固精氣，此身功也。

兩手緊掩耳門，疊指背彈耳根骨，以祛風池邪氣，此首功也。

兩手擦面待其熱，更用唾沫偏摩之，以治外侵，此面功也。

兩手按耳輪，一上一下摩擦之，以清其火，此耳功也。

緊合其睫，睛珠內轉，左右互行，以明神室，此目功也。

大張其口，以舌攪口，以手鳴天鼓，以治其熱，此口功也。

舌抵上腭，津液自生，鼓漱咽之，其潤其內，此短舌功也。

叩齒三十六，閉緊齒關，可集元神，此齒功也。

兩手大指擦熱折鼻，左右三十六，以鎮其中，此鼻功也。

既得此行功奧竅，還須正心誠意，冥心絕欲，從頭做去，始能逐步升登，證悟大道。長生不老之基，即胎於此。若才得太極拳法，不知行功之奧妙，挈置不顧，此無異煉丹不採藥，採藥不煉丹，莫道不能登長生大道，即外面功夫，亦決不能成就。

必須功拳並練，蓋功屬柔而拳屬剛，拳屬動而功屬靜，剛柔互濟，動靜相因，始成為太極之象。相輔而行，方足致用。此練太極拳者所以必先知行功之妙用，行功者所以必先明太極之妙道也。

綜上述史料，不難證明張三丰是太極拳歷史上一位承前啟後的集大成者，他的著述對太極拳的傳播發展，以及理論、技術的提高起到了極其重要的作用。特別是《學太極拳須斂神聚氣論》一文，「欲得太極拳的神髓，必先明太極妙道；而學習太極拳，則又為入道之基」，為學練者指明了方向和方法。

（三）武當太極拳源流傳承簡譜

　　從《宋譜》中記述了太極拳源流很久遠。最早的記載始於南北朝，南朝（宋、齊、梁、陳）梁武帝時有程靈洗，程得自韓拱月，再上有東方先生，自東方先生再上溯始有戰國時期的孟子。自程靈洗之後五百餘年傳至程珌，改太極拳名為「小九天」。由宋朝傳到明朝，宋遠橋中間傳了十三代。宋遠橋記載他的太極拳是由唐朝的許宣平所傳，名曰「三十七勢」。在唐時還有李道子所傳太極功，曰「先天拳」。傳到宋遠橋已經是第十四代了。

　　太極拳隨著歷史的沿革，承傳到元明之際，有太極拳集大成者張三丰，傳「太極十三勢」；到明、清之際有王宗岳，再到清朝中期又有陳長興。

　　此後有楊露禪宗師根據社會發展的需要創編出嶄新風格的楊式太極拳。又經楊氏第二代宗師楊班侯、楊健侯及第三代宗師楊澄甫的不斷修潤，成為今天傳播海內外的楊式太極拳。

　　筆者宗師張文炳先生師承第三代宗師楊少侯和楊澄甫兩位大師，並成為楊式內傳太極拳第四代宗師，張師又下傳第五代，弟子有劉習文、韓世昌、王秀田、李順波、梁禮、蔣林、張漢文等人。

　　第五代李順波先生下傳第六代有：張立福、張書田、陳長明、湯鐵軍、姚博祥、高儉、王峰、劉玉虎、楊景富、陳偉才。

　　第五代蔣林先生下傳第六代有： 李鳳霞、李澤輝、雷玉祥、蘇學文、關志剛、 曲佔斌、關秀芹、 梁秀梅、 趙

武當太極拳傳承簡譜

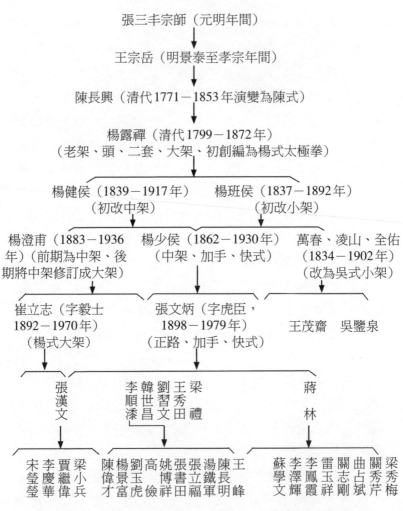

張三丰宗師（元明年間）

王宗岳（明景泰至孝宗年間）

陳長興（清代1771－1853年演變為陳式）

楊露禪（清代1799－1872年）
（老架、頭、二套、大架、初創編為楊式太極拳）

楊健侯（1839－1917年）　　　楊班侯（1837－1892年）
（初改中架）　　　　　　　　（初改小架）

楊澄甫（1883－1936　楊少侯（1862－1930年）　萬春、凌山、全佑
年）（前期為中架、後　（中架、加手、快式）　（1834－1902年）
期將中架修訂成大架）　　　　　　　　　　　（改為吳式小架）

崔立志（字毅士　　張文炳（字虎臣，
1892－1970年）　　1898－1979年）　　王茂齋　吳鑑泉
（楊式大架）　　（正路、加手、快式）

張漢文　　　李順漆　韓世昌　劉文　王秀田　梁禮　　　蔣林

宋瑩瑩　李慶華　賈繼偉　梁小兵　　陳偉才　楊景富　劉書虎　高玉儉　姚博祥　張立福　張書軍　湯鐵明　陳長峰　王　　　蘇學文　李澤霞　李鳳祥　雷玉剛　關志斌　曲占芹　關秀梅　梁秀梅

曹光宇　曹啟明　張衛然　劉宇東　韓月倉　趙書明

188

注：此表係重點張文炳宗師傳承體系，其他支系未收集。凡本支係提供人名皆記載表中，未提供人名者請見諒。

書明、韓月倉、劉宇東、張衛然、曹啟明、曹光宇。

第五代張漢文先生下傳第六代有：宋瑩瑩、李慶華、賈繼偉、梁小兵。

（四）太極拳古典拳論解讀

太極拳的古典理論，多是文言文，一般人不易看懂，初學太極拳的人更不易領會其中的涵義。筆者見於此，故對張三丰祖師的《太極拳論》、山右王宗岳的《太極拳論》和《十三勢行功心解》等加以解讀，力求用直白的語言表達其意，以期有助於讀者學習參考。

1.《太極拳論》（張三丰）

原文：「一舉動，周身俱要輕靈，尤須貫串。」

解讀：當你開始練太極拳的時候，不應有任何使拙力的地方，無論是一舉手一動足，皆應自然，這樣才能輕靈，動作尤須保持連綿不斷、前後貫穿、無停無滯，像流水一樣川流不息。「周身俱要」，是指包括身心內外，外（形）不使拙力，內部也不須使力，內外皆應輕靈。

原文：「氣宜鼓蕩，神宜內斂。」

解讀：太極拳以練精、氣、神為首要。精、氣、神三者的關係是非常密切的，是牽一髮而動全身的關係。《素問》中說：「精中生氣，氣中生神。」《類經》上說：「精全則氣全，氣全則神全。」《太平經》上說：「精、氣、神三者為一體⋯⋯做神者，乘氣而行，精也在其中也。三者相互為治，故人能長壽者，乃當愛氣、養神、重精也。」練太極拳就是練氣功拳，要求氣沉丹田，這是對

內氣而言。用神意指揮內氣隨著外動的動作需要而向水流一樣川流不息，這就是以內引外，又因為勁產生於「炁」。中含有神，以神引「炁」使之灌充於骨中，骨硬實方有勁，勁的實質是氣的潛轉變化。內氣瞬間聚合即鬆，稱之為鼓蕩。內氣在全身鼓蕩，練到功夫深時，身上感到有一股熱流，比如掌心、腰部、腳心等處很容易覺出發熱而蠕動，這種熱流的感覺，有人叫它為「精氣」。這是一種體內的能量流。功夫深的人，貯藏的能量多，所以用起來大而有餘，精神也就充沛。這種能量周流全身，給全身機體一種動力，促進身體的新陳代謝。

太極拳的動作是聽命於精氣的進退升降動作，必須透過意識的指揮氣的進退而推動四肢動作。因此，必須使精氣不斷地動，要像水波蕩漾一般川流不息。

另外，呼吸也順其自然，一呼一吸，不可憋氣，與發力自然配合，即在發力時呼吸之氣用鼻孔呼出，若用口呼吸，會產生舌乾喉燥，造成舌橋斷開，練拳本應產生的華池之水（津液是養生甘露）全失。

故練太極拳呼吸以鼻，要順其自然，一呼一吸綿綿不絕，不可勉強。其次眼神應隨手而視，不可以分散旁視，必須將神收斂於內，集中注意力，練拳不可受外物所干擾，以至分散注意力，產生身心散亂的毛病，必須將伸收斂於內，集中注意力才能取得鍛鍊的功效。

原文：「勿使有缺陷處，勿使有凸凹處，勿使有斷續處。」

解讀：意發於內，必行於外，必須貫串，內外如一，神氣之所貫，不可以既斷且續。神與氣不能有高下。太極

拳的每一動作中均含有一個圓圈，動作時必須注意使這個圓圈保持完整。內氣是一球，必須保持內外圓轉同動，不可有凹陷處，也不可有凸突之處。有凹凸處、有斷續時，全是沒有圓滿，凹凸之處容易被人控制利用，導致失敗。必須注意保持內外圓圈完整圓滿，沒有突然的變化才合乎要求。

原文：「其根在腳，發於腿，主宰於腰，形於指，由腳而腿而腰，總須完整一氣，向前退後，乃得機得勢，有不得機得勢處身便散亂，其病必於腰腿求之。」

解讀：何謂其根在腳？即指拳中勁路而言。每當前進落腳時，腳跟先著地，小腿肚向下鬆力，腳外沿由小趾、四趾、中趾、二趾到拇趾依次徐徐著地踏實，湧泉穴（腳心）在腳趾輕輕抓地後同時上提，這樣腳趾、腳跟向下抓地為實，腳心輕輕上提為虛，叫做實中有虛。每當後退時，拇趾先著地依次至小趾、腳外沿至腳跟逐一落地踏實，湧泉穴在腳趾輕輕抓地的同時上提。勁路由左腳、左腿過腰達於右手，右腳、右腿過腰達於左手，腰起的作用恰如車床的中軸。

何謂主宰於腰？運動時隨著姿勢的回收變轉，腳自湧泉穴上提、經小腿、大腿內側、會陰穴至小腹腰間，氣血亦回到小腹腰間，為此小腹腰間為總樞紐，「腰為軸，氣如輪」使全身一氣貫串。

何謂形於手指？每當向前出掌時，皆是指（梢）領、肘（中節）隨、肩（根節）催。每當向後收手時，皆是肩（根節）領、肘（中節）隨、手（梢節）催。如果小指在前，小指領，無名指、中指、食指依次到拇指。向上、向

後掛的動作則拇指領、小指催，即先行拇指、食指、中指、無名指最後小指貫注指尖。鈎手動作是小指、無名指、中指、食指、拇指至手腕。

打拳、推手、用勢，要想讓身體穩定，關鍵在於腰和腿。腳是一切動作的根基，就如樹木的根，腳下的根穩定了其他部位方有保障。手上的力量是從腳傳到腿，透過腿而用腰的動作作為主宰，指揮四肢及全身動作，再傳達於手指，而發到對方身上。其動作是整體的，這樣才能進退得機得勢，力量集中，將人發出去。若有不得力的地方，那毛病一定在於腰腿，腰腿與全身動作不協調，造成全身不整齊。如果出現這種現象，只要注意腰腿與全身動作協調配合，動作就可以改善。

原文：「上下、前後、左右皆然，凡此皆是意，不在外面。」

解讀：無論向任何方向的任何動作，都需要動腰腿，其腰腿的動作應該與全身的動作密切配合，協調一致，並且每一動作均受內在的意識來指揮，而不是腰腿等各部位自行亂動，要根據具體動作的需要，由內在意識支配恰到好處地協調運行。

原文：「有上即有下，有前即有後，有左即有右。如意要向上，即寓下意，若將物掀起而加以挫之之意，斯其根自斷，乃壞之速而無疑。」

解讀：無論向上、向下、向前、向後、向左、向右的任何一個動作，均需要動腰腿。這些腰腿的動作應該與全身的動作配合，不能在外表看出腰腿動得屬害，也就是說腰腿不可亂動，必須依其他動作的需要而動，其中蘊含有

知己知彼、隨機應變之意，動的恰如其分、恰到好處，而不是亂動。

在雙方用手時，我欲要向上，先有往下之意，隨著對方的反應再往上去，前後左右類同，皆是先給對方一個假信息，使對方入圍才顯我之真意。我之變化使對方捉摸不清（透），這種錯覺即將對方調動起來無足根，重心不穩，我速可任意發放。

原文：「虛實宜分清楚，一處自有一處虛實，處處總此一虛實，周身節節貫串，勿令絲毫間斷耳。」

解讀：打拳時要搞清楚何處為虛，何處為實。全身處處皆有虛實，整個虛實之間彼此都有聯繫。與人交手時，彼實我虛，彼虛我實，周身虛實轉潛變化，不可有絲毫間斷，必須節節貫串成一整體。

原文：「又曰：長拳者，如長江大河，滔滔不絕也。十三勢者，掤、挒、擠、按、採、挒、肘、靠，此八卦也。進步、退步、左顧、右盼、中定，此五行也，掤、挒、擠、按，即乾、坤、坎、離四正方也；採、挒、肘、靠，即巽、震、兌、艮四斜角也；進、退、顧、盼、定，即火、水、木、金、土也。」（原注云：此係武當山張三丰老師遺論，欲天下豪傑延年益壽，不徒作技藝之末也）

解讀：由於太極拳動作柔緩，連綿不斷，從開始到結束一氣呵成，無停無斷，正好像那長江中的水，滔滔不絕，所以許多人又把太極拳叫做長拳（並非將太極拳練似長拳，也非另加動作比原架更長為長拳，是因太極拳原本曾稱做「長拳」）。十三勢即太極拳技擊招法，掤、挒、擠、按都是正面攻守招法，暗合八卦的四個正方向；採、

捌、肘、靠都是斜向攻守招法，諳合八卦的四個斜方向。太極拳手法所運動的方向均不出此八方，步法的運行又不離前進、後退、向左、向右、中定（即不動）五種方式，將這五種方式暗合於火、水、木、金、土五行。掌運八方，足行五步，此八、五數相合而成太極十三勢。

這十三勢是取法於河圖洛書，以開地天衍五十五數字而排演。天陽，用一三五七九而成二十五，地陰，用二四六八十而成三十，天地之合成（二十五加三十）五十五數。飛宮於八卦，一三七九列於四正方而五居中，謂之衍母；二四六八列於四隅而十居中，謂之衍子。 掤九捋一，擠三按七，二八採捌，四六肘靠。此即所謂太極八勢也。地底在中為質，所以每一行動必須首先在地上畫一個十字，然後在十字上定方位，前則是進，後乃是退，左則顧之，右則盼之，中間立即停止。此謂之太極五步也，合而成太極十三勢。十三勢來龍去脈講清楚，以不失十三勢之由來的本來面目。

2.《太極拳論》王宗岳

原文：「無過不及，隨曲就伸。」

解讀：「過」是超越過分。「不及」是不夠、不足、不到，「過」和「不及」都是不正確。運勁過了生頂抗毛病，不足則生丟、偏的毛病。動作應該適中，恰到好處。隨著對方之動而動，對方伸我則屈，對方屈我則伸，相隨相合，粘黏連隨。

原文：「人剛我柔謂之走，我順人背謂之粘，動急則急應，動緩則緩隨；雖變化萬端，而理唯一貫。」

解讀：二人推手，對方用力時，我不與之抗衡，以柔化去對方之力，這樣可以不為其所制。在化的時候，使對方的力在我外圓順出，不讓對方的力打在我中心（重心）軸上，這種化法叫做「走」。就是與對方不發生頂抗，吸其來勢而化之，將對方重心引出體外。當對方感到不得機勢而向後退卻時，我則順其退勢向對方重心進攻，使其失重而被發出。我的力在對方身上好像膠一樣粘著他，讓對方無法逃脫、無法化解，最後只有被發出去為止，這即叫做「粘」。二人推手時我動作的快慢，是隨著對方動作的快慢而定，不管對方如何變化，用什麼招術，我總是按一定的道理去化對方的力或是把對方拿住發之，處處合乎粘黏連隨，處處合乎陰陽虛實，處處合乎科學原理，則對方雖有千變萬化的招術，也起不了作用。

原文：「由招熟而漸悟懂勁，由懂勁而階及神明，然非用力之久，不能豁然貫通焉。」

解讀：練太極拳要由淺入深，循序漸進，久而久之招式精熟了，再掌握每一招式中的虛實陰陽及用法，進而掌握拳中各種勁的意義。由推手而求得懂勁，訓練皮膚的感知力和反應的靈敏度，待各種勁都能熟練地應用，就能達到化勁。然而在這一階段，必須數年不斷地克服困難，刻苦鑽研，悟明其理，才能得到太極拳的精妙處。

原文：「虛領頂勁，氣沉丹田。」

解讀：用意將頭向上領，不得使力，提起精神，做到中正安舒，才能虛領頂勁。否則，身出偏斜之病，自是頭不正，而精神不會領起，打拳昏昏沉沉沒精神。氣沉丹田是指內氣歸納於丹田，用意引氣向下，膈肌自然放鬆。在

195

運動中使呼吸深長，能更好地收到練習太極拳的效果。丹田是人身穴位之名，其穴在臍下３寸小腹正中處，膀胱之後，直腸之前，丹田是一個有氣則開，無氣則合的夾室，為任脈、督脈、衝脈三脈所起之處，諸經匯集之所，為全身之氣的歸宿處。運動時丹田氣先動，發力時丹田氣先動，丹田氣的先動是受神意支配的，即神意為君，氣為臣，骨肉為民。這就是以內引外，由內向外發放。氣沉丹田，虛領頂勁，做到上虛下實，元氣存於中，虛靈含在內。

原文：「不偏不倚，忽隱忽現；左重則左虛，右重則右杳；仰之則彌高，俯之則彌深；進之則愈長，退之則越促。」

解讀：從外形上是指身體中正，不要有一點歪斜偏倚的地方；從身體內部講是說體內「中氣」，既要求中正又要保持平衡，這樣才能做到不偏不倚。忽隱忽現，是指神、意、氣、功、力、虛實、剛柔、陰陽的變化莫測而言。左重則左虛，右重則右杳，是指我以虛對彼實，使對方落空使不上力，即虛實變化，化去對方之力，而後還可以用其力還制其身。

仰之則彌高，是指當對方向上提我，我就隨其勢而向上，使他用不上力；俯之則彌深，是指對方攻我下部時，我則順其勢向下沉採，使對方落空，似落入陷阱之感。進之則愈長，當對方向我進身時，我順其勢而退，使對方之力不能作用到我身上，即使對方落空；所謂退之則越促，是指對方的勁向後退時，我順其勢控制住並有一種威迫的勁，使對方感到不安全，即刻有被發之的危險。

原文：「一羽不能加，蠅蟲不能落。人不知我，我獨知人。英雄所向無敵，蓋皆由此而及也。」

解讀：當接觸到對方時，我以皮膚受壓迫的輕重及溫涼的感覺來察知對方的勁，輕重、虛實、來力的方向。練到稍觸即知，像羽毛那樣輕的東西、像蠅蟲那樣微小的東西，只要稍觸我身體就能預先知道，感覺靈敏度達到如此之高的時候，我的動作對方摸不到變化，而我卻掌握對方的變化，這就是輕接之妙，當我輕接重發，對方察覺不到我疾速變化，自然所向無敵，百戰百勝了。

原文：「斯技旁門甚多，雖勢有區別，概不外乎壯欺弱，慢讓快耳。有力打無力，手慢讓手快，是皆先天自然之能，非關學力而為也。」

解讀：這種技擊的方式方法門類很多，雖然在動作上有所不同，但是總的來講，其中大部分都是依靠本身體壯來壓倒弱者，手快的人勝手慢的人，這種力大勝力小、快勝慢的做法是人的先天自然本能，並不是以學理來戰勝對手的。與拳理沒有關係。

原文：「察『四兩撥千斤』之句顯非力勝，觀耄耋能禦眾之形，快何能為。」

解讀：太極拳是「四兩撥千斤」（其意思是以小力勝大力、以巧勝拙的比喻，也是太極拳中的一種勁法），它不在於手快力大，全以掌握拳理來戰勝對方，這顯然不是力勝對方的。常聽說過一位年老的人可以戰勝許多個年輕人的故事，之所以能制勝，這主要是老者把巧妙的科學的太極原理合理地應用在拳術中了，因此可以獲得以小力勝大力的效果。只要掌握好並合理運用太極之理使對方的力

發不到我身上，即使對方手比我快也沒辦法勝於我。

原文：「立如平準，活似車輪。偏沉則隨，雙重則滯。每見數年純功不能運化者，率皆自為人制，雙重之病未悟耳。」

解讀：一站立就要中正，做到頭頂平，兩肩平，兩胯根平，全身才平正，頭為準星，一身之主。腰為全身之樞紐，四肢運轉的總機關，運動時就像車輪繞軸旋轉那樣靈活，即所謂「上下一條線，全憑左右轉」就是指此意。

偏沉則隨，是指一方能以放鬆化解矛盾。當對方用力時，我不與他添勁對抗，而在對方虛弱之處加以還擊，就可以用小力戰勝大力了。所謂雙重之病，是指推手的雙方相互抵抗，對方用力我也用力，雙方僵持不動。一些人練了多年的太極拳，但因對雙重之病悟得不夠透徹，所以一伸手就常被對方控制而化解不開。

原文：「欲避此病，須知陰陽。粘即是走，走即是粘。陰不離陽，陽不離陰，陰陽相濟，方為懂勁。懂勁後，愈練愈精，默識揣摩，漸至從心所欲。」

解讀：要想除去雙重之病，首先應注意一招一式的虛實變化，其次要知道粘走的道理，隨時隨地均能粘走。所謂粘走，即是一個圓圈。用半個圈化開對方勁叫做走化；同時用另外半個圈應含有粘勁，以備還擊之用，這叫做粘放。任何一個動作都含有攻守的雙層含意，隨時可攻可守，完全隨著對方的陰陽虛實的變化而變化，要處處做到敵剛我柔、敵柔我剛，這樣才算懂勁。懂勁後還須理論結合實踐，從實踐到理論，再從理論到實踐，反覆用心揣摩，悟明其理，拳藝愈練愈精，逐漸達到得心應手、隨心

所欲的境界。

原文：「本是捨己從人，多誤捨近求遠。所謂差之毫釐，謬之千里，學者不可詳辨焉。」

解讀：太極拳推手時，在表面看來完全被動而不是主動，完全聽從對方的動作而動作，處處隨機應變，使其落空，這樣才符合太極拳的拳理要求。反之，如與對方相對抗頂撞，不知隨著對方變化而變化，這樣就極易被對方所制，這種做法是捨近求遠的錯誤方法。我們必須重視這個問題，以免因為這種細微的不同而造成嚴重的錯誤。正所謂「差之毫釐，謬之千里」之喻，學拳者不可不分辨清楚這些道理。

3.《十三勢行功心解》

原文：「以心行氣，務令沉著，乃能收斂入骨。以氣運身，務令順遂，乃能便利從心。」

解讀：這裡所說的「心」就是指人的神意，就是用神意指揮氣行，神為君、氣為臣、骨肉為民，神到氣到，而不用拙力來做動作。為此，全身內外都要放鬆，務必要用意沉著穩重，這樣才能將氣收斂入於骨，而使內勁日漸增長。當運用氣推動全身各處來行使動作時，必須平順遂和，由內引外，氣動身亦動，才能使全身各處遂心如意，運用從心，順暢無滯。

原文：「精神能提得起，則無遲重之虞，意氣須換得靈，乃有圓活之趣，所謂變轉虛實也。」

解讀：操拳用勢，如將軍在陣，如刑宮在庭，精神一定要振作，一絲不得昏沉。精神一提起來則全身自然會輕

靈舒適，而不會有遲滯、笨重的毛病。倘若不注意用精神而用拙力，那麼身體一定會被力所驅使，動作也就不能輕靈自如了。在每個動作變換的時候意與氣都要靈敏，尤其要分清每個動作的虛實和重心，才能做到圓活、巧妙。

原文：「發勁須沉著鬆靜，專注一方。立身須中正安舒，支撐八面。」

解讀：當出手發勁的時候，必須全身沉著鬆靜。何為鬆靜？就是全身的各關節均應完全放鬆，不得有絲毫緊張的地方，也不應該大意疏忽，必須精神集中，才能放人放得遠。在放人的時候，要隨著對方動的方向，確定一個主要的方向，一直放去，不要猶豫不定。無論在什麼時候身體都必須中正安舒，具有支撐四面八方的力的能力。「上下一條線，全憑左右轉」即此意。

原文：「行氣如九曲珠，無微不利，運勁如百煉鋼，何堅不摧。形如搏兔之鶻，神如捕鼠之貓。靜如山岳，動似江河。」

解讀：氣在全身流行的時候，要讓它有滾珠一般的圓活，使四肢百骸，處處都有圓珠，處處都有圓的動作，任何微小之處，都能通達應用。太極拳的運勁，勁自內發，含蓄在內，勁是無窮盡的，但表面看好像一點也不用力。如此久而久之地練，集柔成剛。它的運勁有如百煉之鋼，一旦練成無堅不摧。它的動作如像凌空攫兔的雄鷹盤旋不定，一旦看準目標，猛然直下取之；它的神態又好像貓捕老鼠，凝神蓄勢，待機而發。在不動的時候，像山岳那樣堅固凝重；在動的時候，氣勁合一連綿不斷，如江河之水，川流不息，滔滔不絕。

原文：「蓄勁如開弓，發勁如放箭。曲中求直，蓄而後發，力由脊發，步隨身換。」

　　解讀：勁欲發先蓄之，如不蓄勁何嘗有發？所以蓄勁如將弓拉滿，儲備好巨大的力量。蓄得越足，發得越遠，發勁有如放箭，一觸即發，迅速之極，不準有絲毫的猶豫和偏斜。太極拳是一種圓的運動，太極之用妙在為環，環中柔化去對方之勁，又在同一環中發人。環即是曲，環曲中找準對方中心即發，當對準中心發手時的勁，也是從曲中來的，瞬間成直線，由身體的蓄收瞬時變為腰下沉、脊背拔直、頭虛領精神、身無過不及、勁無過不及、整體中正沉穩，由內裡發去。步法也要與身體運動變化的需要密切配合，即上下相隨的意思。

　　原文：「收即是放，放即是收，斷而復連，往復須有折疊，進退須有轉換。」

201

　　解讀：化勁緊連放勁，發勁又緊連著收勁。化即是打，打即是化，化打合一。收就是化蓄，將對方攻來之勁化掉，同時也找準對方的重心不穩之所在，順著對方後退的趨勢，我將蓄好的能量全部釋放出來，把對方放出去。整個收放過程沒有停斷。對方抗時，我縮收化蓄，引其力落於空處；對方縮收時，我找準對方重心順勢拿住對方一直放去。

　　在每個動作變換之中，須內含折疊，表面上看未動，其實其中曲折很多，在動作中已有了許多微細的虛實變換。在前進、後退時，必須轉腰換步，在形勢上看，顯出似退非退、似進非進的態勢，全依對方的運態作為進退的根據，並且在前進時，隨時都可以後退，在後退時，隨時

都可以前進。

原文：「極柔軟，然後極堅剛。能呼吸，然後能靈活。氣以直養而無害，勁以曲蓄而有餘。心為令，氣為旗，腰為纛。先求開展，後求緊湊，乃可臻於縝密矣。」

解讀：太極拳是以柔克剛，在柔化中潛轉變化成堅剛之勁來。柔中含著剛，由柔到剛是極其短暫的突然發生的由量變到質變的過程，故而能發出極堅剛的勁來，極柔者極剛，柔中之剛才是真剛。

沒有極致的柔就不會產生極致的堅剛，這是太極拳的獨特之處。在緩慢行拳中，呼吸配合動作要放鬆深長，逐漸做到隨著動作的開合，呼吸自然開合，而內氣也隨之開合，沒有憋氣的時候。如果憋氣了，也就是身體上僵了，內氣則滯了，身體不靈活了。只要呼吸與動作配合好了，身體則會自然放鬆，動作也就會靈活。倘若在發勁時，單是會呼吸還是達不到輕靈圓活的要求，還必須做到內氣與動作開合一致，合後即開，不得遲延，並做到蓄放無間，行動自然輕靈圓活。

練習太極拳，要求放鬆自然，中正安舒，心靜神斂，氣沉丹田，上虛下實，呼吸自然，這首要的是養氣，養的是陽元之「炁」使陰陽之氣在丹田交媾，潛轉成我們的元炁，這樣養練對身體是無害的。曲蓄其勁以待發，到用的時候，勁發出後還要有剩餘。「心」即是神意，以神意為令（君），以氣（內氣）為旗（臣），君令臣使。以腰為纛（軸），活似車軸，手腳為車輪，軸靈活帶動全身，蓄放收發，皆從腰上來，所以又稱「腰是一身之主宰」。腰上端至頭，頭是神（君）所在之所；下端尾閭，自上至

下，丹田在中。一身行動全在於腰。

練拳用式，開始時總要先做到姿勢開展得法，使筋骨舒張，骨縫拔長，氣血運行通暢，等到功夫純熟之後，再求緊湊，由大圓動作變成小圓動作，最後在外形上看不到圈，只在內氣運作大小圈，這樣才能縝密，才能達到伸縮自如、從心所欲的境界。

原文：「又曰：先在心、後在身。腹鬆，氣斂入骨。神舒體靜，刻刻在心。切記，一動無有不動，一靜無有不靜，牽動往來氣貼背，斂入脊骨。內固精神，外示安逸。邁步如貓行，運勁如抽絲。全身意在蓄神，不在氣，在氣則滯。有氣者無力，無氣者純剛。氣如車輪，腰如車軸。」

解讀：太極拳是以心意為主帥，而身體為從屬。身體的動作完全聽從心意的指揮，即是意為君來骨肉臣之說。在練拳時，腹部宜放鬆，體內不準存有一點緊張，處處不使用一點拙力，這樣氣自然能收斂入骨。另外，精神要安舒，身體要放鬆，思維要專一，要靜、不能緊張，這樣才能有靈敏的感覺和毫不慌亂的心境。時時刻刻將這些要領記在心裡，遵照要領來練功。

一動全身內外都要動，一靜全身內外都要靜；上下內外，協調合一。在與人交手時，應該使氣貼於背部，斂入骨內，使勁由脊骨發出，行於各處，這樣就不會產生腳下發飄、氣浮的毛病。同時，神要內斂，意在蓄神，不可散亂，心神散亂，手腳必緩，又怎麼能以靜制動？

在進退開合的時候，步法要像貓走路一樣，提腳、放腳、穩步都要非常輕靈；行氣運勁像抽絲一樣綿綿不絕，

貫串不斷。動作時以神指揮內氣運動全身而不是用拙力，一用拙力就會滯，不僅影響出手發人的速度，更重要的是影響了內氣的通暢，造成動作拙笨不靈活。

這裡講的「氣」是指外力的拙，與內氣潛轉變化的勁是兩回事，不可混為一談。所以說：「有氣者無力，無氣者純剛。」是說用拙力顯得有力，其實用時反而不中用，實際上是無力。

不能將你身上的力發出體外，作用在對方身上，這種力是拙力，在技擊上是不起作用的。只有將力打在身之外，發到對方身上才能起作用。只有放鬆之後，一絲不用拙力，而後所發出來的勁，是柔中的剛勁，才是純正的剛勁，才有作用。腰是一身之樞紐，內氣是勁的質，是動作的原動力。腰比做車軸，氣可以比做車輪，氣在周身運行時，猶如車輪繞著車軸旋轉一樣，要它沒有一點阻礙停滯的地方才好。

彩色圖解太極武術

定價220元

定價220元

定價220元

定價220元

定價350元

定價350元

定價350元

定價350元

定價350元

定價350元

定價350元

定價350元

定價350元

定價220元

定價220元

定價220元

定價350元

定價220元

定價350元

定價350元

定價220元

定價220元

定價220元

太極武術教學光碟

太極功夫扇
五十二式太極扇
演示：李德印 等
(2VCD)中國

夕陽美太極功夫扇
五十六式太極扇
演示：李德印 等
(2VCD)中國

陳氏太極拳及其技擊法
演示：馬虹(10VCD)中國
陳氏太極拳勁道釋秘
拆拳講勁
演示：馬虹(8DVD)中國
推手技巧及功力訓練
演示：馬虹(4VCD)中國

陳氏太極拳新架一路
演示：陳正雷(1DVD)中國
陳氏太極拳新架二路
演示：陳正雷(1DVD)中國
陳氏太極拳老架一路
演示：陳正雷(1DVD)中國
陳氏太極拳老架二路
演示：陳正雷(1DVD)中國
陳氏太極推手
演示：陳正雷(1DVD)中國
陳氏太極單刀・雙刀
演示：陳正雷(1DVD)中國

郭林新氣功
(8DVD)中國

本公司還有其他武術光碟
歡迎來電詢問或至網站查詢
電話：02-28236031
網址：www.dah-jaan.com.tw

原版教學光碟

歡迎至本公司購買書籍

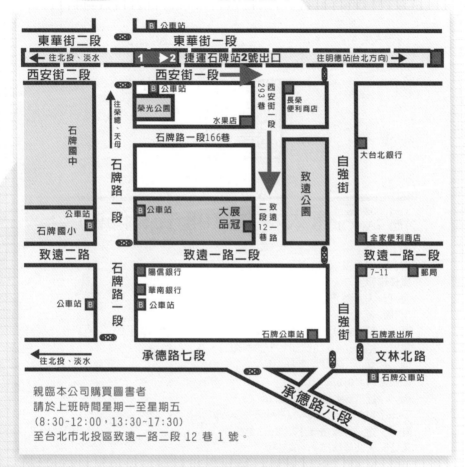

親臨本公司購買圖書者
請於上班時間星期一至星期五
(8:30~12:00，13:30~17:30)
至台北市北投區致遠一路二段 12 巷 1 號。

建議路線
1. 搭乘捷運、公車
　　淡水線石牌站下車，由石牌捷運站２號出口出站(出站後靠右邊)，沿著捷運高架往台北方向走(往明德站方向)，其街名為西安街，約走100公尺(勿超過紅綠燈)，由西安街一段293巷進來(巷口有一公車站牌，站名為自強街口)，本公司位於致遠公園對面。搭公車者請於石牌站(石牌派出所)下車，走進自強街，遇致遠路口左轉，右手邊第一條巷子即為本社位置。

2. 自行開車或騎車
　　由承德路接石牌路，看到陽信銀行右轉，此條即為致遠一路二段，在遇到自強街(紅綠燈)前的巷子(致遠公園)左轉，即可看到本公司招牌。

國家圖書館出版品預行編目資料

楊式內傳太極拳108式(附DVD) ／ 張漢文 蔣林 編著
－初版－臺北市：大展，2013【民102.12】
面；21 公分－（楊式太極拳；4）
ISBN 978-957-468-991-0（平裝；附數位影音光碟）

1. 太極拳

528.972　　　　　　　　　　　　102020543

【版權所有・翻印必究】

楊式內傳太極拳 108 式 (附 DVD)

編　　著／張漢文　蔣林

傳　　授／張文炳

責任編輯／李彩玲

發 行 人／蔡森明

出 版 者／大展出版社有限公司

社　　址／台北市北投區（石牌）致遠一路2段12巷1號

電　　話／(02) 28236031・28236033・28233123

傳　　真／(02) 28272069

郵政劃撥／01669551

網　　址／www.dah-jaan.com.tw

E-mail／service@dah-jaan.com.tw

登 記 證／局版臺業字第 2171 號

承 印 者／傳興印刷有限公司

裝　　訂／眾友企業公司

排 版 者／弘益電腦排版有限公司

授 權 者／北京人民體育出版社

初版1刷／2013年（民102）12月

初版2刷／2018年（民107）2月　　　　　　　定價 / 330 元

●本書若有破損、缺頁敬請寄回本社更換●